Dream

史上最強

解夢書

蔣星五 ◆主編

序言　夢境的解析

利用「夢」來推測神意或占驗事情的吉凶，乃是世界上許多人共有的行事，而其中歷史最悠久、經驗最豐富的可能就是中國人了。

根據傳說，中國早在黃帝時代就出現專門用來解夢的《占夢經》，即使這個傳說不可信，至少，在殷商時代的甲骨卜辭中，我們已可看到許許多多有關占夢的記載，而從殷商以後一直到清代，在大約三千年左右的時光裡，有關占夢之事的記載一直不絕於書，各種專門的「占夢書」也一直流傳著，可見，中國的占夢傳統的確說得上是源遠流長。

夢，似乎是一個虛幻飄渺的另一個世界，而它卻又似乎是真實的。其實夢它可以反射出我們心靈最深處的欲望、恐懼和幻想。不論夢境是如何的混亂、驚駭、美麗或大膽，都可以將我們的心事洩漏無遺。

既然夢能透露我們這麼多秘密，所以，如果能解析夢境，自然能使我們更加瞭解自己。而夢幻也是有可能成真的，我們稱之為預知夢，預知的夢透過潛意識直接向我們的心靈深處訴求，它不僅可以根據現實生活事件提供資

訊，也可以透露我們心裡的想法。所以，若能時時注意到自己的夢境，還能防患未來潛在的危險呢！

根據近代西方的人類學家和心理學家的研究，我們已瞭解到：「夢」不僅僅是人類的一種生理現象，同時還是一種複雜的心理活動和文化行為，而「占夢」這樣的行事，其所預設的觀念——夢是事件的前兆，也不只是一種迷信和荒謬的信仰，例如著名的心理學家佛洛姆（Erich Fromm）就曾指出：夢境成為事件的預示，乃是作夢者「洞察力」的一種表現，這種現象乃是「可能」而且「合理」的。

由此可知，我們不必鄙視先人的「占夢」行為和觀念，因為他們和現代的一流學者所相信的並沒有什麼兩樣。也因此，我想，我們也到了一個重新「認識」和「評估」這樣一個傳統的時候了，而首先要做的工作就是先認識他們的觀念和理論。

這本解夢書花費了筆者相當多的心力，嘗試著用最有系統的排列、最完整的收錄，再加上最準確的預示，期盼幫助讀者瞭解夢境背後隱藏的意義。親愛的朋友，你昨夜作了什麼夢呢？

目錄

第一部分
解夢基礎知識

一、夢的特點

每一個人都會作夢，世界上沒有不曾作過夢的人。心理學家把每夜睡眠超過9小時者，稱爲長睡眠的人，而把每夜睡眠低於6小時者，稱爲短睡眠的人。1972年，美國心理學家哈特曼對400餘名被試者進行了長期的心理學實驗，發現：長睡眠者每夜平均作夢時間爲121.2分鐘，短睡眠者每夜平均作夢時間爲65.2分鐘。

假如一位長睡眠者壽命爲80歲，那他一生作夢的時間約爲：$80 \times 365 \times 2 = 58400$小時，即他有6.7年用於作夢。

由此可見，在人的一生中，要用很多時間去作夢。

雖然天天作夢，但對夢的瞭解並不是那麼清楚、全面。然而，不瞭解什麼是夢，以及它有什麼特點，要進行解夢，那將是不可能的事。

根據國內外專家、學者的意見，以及大量作夢的實例，我們認爲夢有8個特點。下面分別加以說明。

先看兩個夢例：

傳說唐朝的時候，有個名叫盧生的青年書生到京城參加考試。當他來到邯鄲時，住在一家旅店裡，生活十分艱困。在店中他遇見了一個叫呂翁的道士。盧生向他訴說了自己的窮困處境，希望能得到功名利祿和榮華富貴，懇求道士指點實現美好願望的良方妙法。

呂翁答應了他的要求，借給他一個青瓷枕頭，告訴他說：「你只要枕著它睡上一覺，就會感到稱心如意。」

盧生高興地接過枕頭，枕著它很快地進入了夢鄉。這時店主人剛剛煮著一鍋小米飯。

盧生在夢中考中了進士，當上了大官，娶了一個賢慧、美麗的妻子，擁有5個兒子、10個孫子，兒孫個個功成名就，飛黃騰達……他享盡了人間的榮華富貴，一直活到80多歲。

可是一覺醒來，剛才的一切都成了泡影，他仍舊睡在邯鄲的旅店裡，只有呂翁在他的身旁。這時，店主人那鍋小米飯還沒有煮熟呢！

這就是著名的「黃粱一夢」的故事。

和這個故事齊名的還有「南柯一夢」的故事：

從前有一個人，名字叫淳於棼，住在廣陵。他家房子的南面有一棵大槐樹。這棵槐樹枝繁葉茂，樹下正是遮蔭乘涼的好地方。他過生日那天，喝醉了酒，躺在槐樹下面睡著了。他作了一個夢，夢到自己到了大槐安國，並和公主成了親，當了20年的南柯太守，非常榮耀顯赫。可是後來因作戰失利，公主也死了，他就被遣送回家。

一覺醒來，他看見家人正在打掃庭院，太陽還沒有下山，酒壺也在身旁呢！他四面一瞧，發現槐樹下有一個螞蟻洞，他在夢中作官的大槐安國，原來是這個螞蟻洞，槐

樹的最南一根樹枝兒，就是他當太守的南柯郡。

以上兩個故事，很能說明夢的特點：

個體性。首先夢是由個體的人來作的。我們都知道，盧生作的「黃粱一夢」和淳於棼作的「南柯一夢」。他們醒後，夢就沒有了。其次，盧生作的夢和淳於棼作的夢是兩個不同的夢。第三，第三者無法知道他們倆作的是什麼夢，只有他們自己說出來，別人才會知道他們作夢的內容。這三點合起來，就是夢的個體性。個體性是指夢只能由一個人來作，而不能集體作。夢只屬於個人，不屬於集體。

回憶性。盧生和淳於棼作的夢，別人看不見、聽不到，更摸不著。那別人怎麼知道他們倆作夢的內容呢？是靠盧生和淳於棼回憶中的情景得到的。也可以說，沒有回憶性，別人就不可能知道夢的內容。沒有回憶性，也就無法進行解夢。

形象性。夢都是形象生動的。中國古代把夢分成六類：正夢、噩夢、思夢、寤夢、喜夢、懼夢。正夢是正常的夢，噩夢是不好的夢，思夢是思念的夢，寤夢是白日夢，喜夢是高興的夢，懼夢是讓人害怕的夢。但不論何種夢，都是透過栩栩如生的形象來表現的。在夢中可以看到人、看到樹、看到天空、看到鬼、看到棺材等等，這些都是一些形象。離開了形象，就沒有了夢。所以夢的內容一

般不叫夢的內容，而叫夢境，道理就在這裡。

反映性。夢是客觀現實的反映，沒有客觀世界也就沒有夢。所以俗語說：「南人不夢駝，北人不夢象。」因為南方沒有駱駝，南方人的夢中就不會出現駱駝；而北方沒有大象，所以北方人的夢中就不可能夢到大象。上面兩個故事中的盧生和淳於棼，他們兩人利慾薰心，一心追求榮華富貴，所以在夢中才會出現做了大官、享受榮華富貴的夢境。平常人們說的日有所思，夜有所夢，也是講夢的反映性。

歪曲性。夢是客觀現實的反映，但這種反映不是直接的，而是歪曲的，它是以歪曲的形式來表達的。淳於棼這則故事中，現實生活是一個「螞蟻洞」，而在他夢中卻成了「木槐國」，夢中的「南柯郡」即是「槐樹的最南的一根樹枝」，這就是反映的歪曲性。

比如有一個姓孫的讀書人考中了狀元，在考取的那年，他曾夢見幾百根木頭堆在一起，姓孫的讀書人在上面走來走去。不久，他請一位李處士替他解夢。李處士告訴他說：「我要向您道喜呀！明年您必會考中狀元。為什麼呢？因為您已經居眾材（才）之上了。」

這個姓孫的讀書人在平時生活中一心想考中狀元，可是反映在夢中，卻是在幾百根木頭上走來走去，所以這種反映就是歪曲的。

非自覺性。一個人在夢中夢見一切,在夢中承受悲、歡、離、合,有時狂歡亂舞、有時痛哭流涕、有時上吊自殺,所有的一切是不是作夢者自覺進行的呢?不是。而是作夢者在不知不覺中進行的,也即在他自己都不知道的情況下進行的,這就是非自覺性。有人說它為無意識性,道理是一樣的。

比如,城濮戰役,晉國大勝楚國。在戰爭發生前,晉文公夢見與楚成王搏鬥,楚王趴在自己身上,而且吸自己的腦髓,所以晉文公心裡很恐懼。晉文公舅父子犯說:「這是吉利的預兆,文公面朝天,象徵得天下,楚王面向地,象徵伏罪。腦髓是陰柔的東西,他吞食你的腦髓,象徵著我方將使他柔服。」

我們暫時不論這樣解夢是否合理,但有一點是可以肯定的,就是晉文公作的這個噩夢,完全是非自覺的。如果他能預知會作這樣可怕的夢,那他絕不會作的。現在他所以作這樣的夢,就在於他是非自覺的,連他自己也不知道。

無限制性。作夢的內容完全是沒有什麼限制的,可以天上地下、東西南北;可以古代現代、中國外國;可以飛禽走獸、花草樹木等等,都可以入夢,這是其一。其次,在夢中,什麼事物,不管它們有沒有聯繫,都可以組合在一起、交錯在一起、揉雜在一起。所以,夢中可以出現人

頭魚身的美人魚、牛頭馬面的妖怪、水可以流到天上去、人可以倒過來走路等等。這就是夢的奇異性，我們在這裡叫它無限制性。因為奇特性只是無限制性的一個方面。

關於夢的無限制性，在唐代詩人李白的《夢遊天姥吟留別》一詩中有淋漓盡致地描寫。他一會兒夢見日出；一會兒夢見閃電霹靂、山巒崩摧；一會兒夢見仙人駕車而來。真是浮想聯翩、別有洞天，是夢的無限制性的絕妙文章。

生理性。上面7個關於夢的特點，都是不能單獨進行的，它們必須依靠大腦這個生理機制才能進行，離開大腦就不可能出現夢，這就是夢的生理性。具體地說，人腦由菱腦（後腦、中腦、前腦）三部分組成，菱腦又分延腦、橋腦與小腦三部分，而橋腦就是具有觸發作夢功能的部分，夢的出現就離不開這個部分。這也說明了夢的生理基礎的重要性。

根據以上這些關於夢的特點，我們可以給夢下一個定義：夢是客觀、現實生活在人腦中的形象的、非自覺的歪曲反映。

二、夢的作用

夢的作用，歸納起來有三大作用：一是維持人體生理和心理平衡的作用；二是具有一定的認識作用；三是具有預示疾病的作用。現分別說明如下：

1.夢有維持人體生理和心理平衡的作用

每個人都會作夢，可是如果在一個人將要作夢時，就把他叫醒，那麼會怎樣呢？

有一位叫德門特的心理學專家研究了這個有趣的問題。他的做法是這樣：當被試者開始作夢時，就立即把他叫醒，以阻止他作夢。但是因爲夢是在試圖阻止作夢之前開始的，這種干擾並不能完全剝奪被試者作夢，只是作夢的總時間可能減少75～80％。德門特確定他的8位男被試者正常作夢的平均時間約爲7小時睡眠的20％，亦即約82分鐘，於是他減少了他們75～80％的作夢時間，結果怎樣呢？有兩個結果：

一是會使這些被試者引起憂慮、急躁、食欲加大以及體重增加，也就是說，生理失去了平衡。

二是要使這些被試者恢復正常，必須花費許多時間，甚至三倍的時間才能得到完全的恢復。

關於人的心理方面也是這樣，白天，不如意的事經常

發生，煩惱的事太多，工作的、朋友之間的、家庭成員之間的矛盾，錯綜複雜，紛至遝來，不可招架。而在睡夢中，有些事本來不能辦成的卻辦成了，有些矛盾不能解決的卻在睡夢中解決了，有些理想一直沒有達成，而在睡夢中卻得到了實現，這是一種調節，也是一種滿足。佛洛德所強調的「夢是欲望的達成」，講的可能也是這一種情況。所以詩人歌德曾說過：「人性擁有最佳的能力，隨時可以在失望時獲得支援。在我的一生裡，有好幾次悲痛含淚上床後，夢境能用各種引人的方式安慰我，使我從悲痛中超脫而出，而得以換來隔天清晨的輕鬆愉快。」尼采也說：「夢是白天失去的快樂和美感的補償。」阿德勒也曾說過：「個人由於環境不如意導致的自卑感，可以在夢境裡找回補償。」

根據以上所說，夢的作用確實是較大的，它能維持人體生理和心理平衡。特別是心理平衡，更應大力宣揚。

2.夢有一定的認識作用

夢雖然是現實生活的歪曲反映，但有時，它確實是有認識作用。這除了它能幫助人們記憶（如一件東西遺失了，白天怎麼也想不起來丟在何處，但在夢中卻想起來了；如某一工程師，對某種產品的設計，在白天怎麼也想不起來，而在夢中卻想起來了）以外，它的認識作用，主

要表現在三個方面：

(1)對某一事物的預知作用

《後漢書》記載，東漢時，有一個名叫范式的，是山陽金鄉人。爲太學生時，與汝南張劭結爲至友。一次臨別時，范式對張劭說：「兩年後的今天，我準時到你家拜訪。」重逢期近，張劭準備了酒菜。至期，范式果然千里來訪，二人豪飲，盡歡而散。

後來，張劭病重，同郡郅君章和殷子征來探望他，張劭臨死前說：「我最大的遺憾是沒能再見范式一面，你們二位是我的生友，而范式則是我的死友。」不久，張劭去世，千里之外的范式忽然夢見張劭對他說：「范兄，吾於某日死亡，永歸黃泉，您縱然沒有忘記我，但您哪趕得上我的葬禮呢？」范式夢醒，悲痛淚下，告假於太守，急馳奔喪。張劭此時正在下葬，但棺材怎麼也抬不動，直到范式急趨而來後，他牽紼而引，棺材才抬得起來，得以安葬。

在千里以外，夢見好友去世，奔喪而來，這就是夢的預知作用。這類事件是不勝枚舉的，它在心靈學上已得到專門的研究。這種預知作用是不是迷信呢？我們認爲並不一定如此。比如，我家有個鄰居，老父重病在身即將去世，但就是不斷氣，等到兒子回來以後，他才閉上眼睛。

而這個兒子又怎麼會知道老父病重在等他回家見面的呢？原來是他在夢中夢見的。這是不是一種心靈感應，我們不去論述，但他兒子作的夢，發揮了預知作用，這可是沒有疑問的。

(2)對創造發明的預示作用

　　凱庫勒是德國著名的化學家，長期以來，他試圖為苯分子找出一個結構式，但很不順利，一直沒有成功。有一天晚上，他坐在火爐旁打瞌睡，夢中他似乎看到在蛇形的行列中有原子在跳舞。忽然，一條蛇咬住了自己的尾巴，形成一個圓圈，隨後在他面前嘲笑地旋轉。一剎那間，凱庫勒醒過來，他已經想出了用一個六方形的圈圈代表苯分子的結構。

　　音樂家瓦格納在《自傳》中說：他在創作描繪萊茵河的三部曲時，一個開場調一直沒有想出來。一次他乘船過海，晝夜不能安眠。一天午后，他倦極微睡，彷彿覺得自己沉在急流裡面，聽到流水往復澎湃的聲音自成一種樂調，醒後便根據在夢中所聽到的急流聲譜寫了三部曲的開場調。

　　作曲家 J・塔季尼夢見他把自己的小提琴交給了一個魔鬼演奏，令他驚奇的是：魔鬼奏出了美妙的旋律，塔季尼醒來後立即把它記下，這就是大家耳熟能詳的《魔鬼之

歌》。

幻夢的作用是如此奇妙，難怪科學家們要風趣地說：「先生們，讓我們帶著要解決的問題去睡覺吧！」劍橋大學的教授在向各學科有優秀成績的科學家調查時，發現70％的科學家都稱他們是從夢中得到啓發而有所創造的。

夢的這種預示作用，實際上就是我們所說的靈感。可以說大多數的靈感來自夢境的啓示。沒有夢，就沒有靈感；沒有靈感，也就沒有創造發明。所以夢的這種預示作用是十分巨大的。

(3)夢有預示疾病的作用

中外的心理學家以及夢學研究者，幾乎一致認爲夢和病變之間有一定的聯繫。阮芳賦、萬文鵬編著的《睡眠與夢》一書中，曾舉了一個例子：

庫格勒夫人曾任美國德克薩斯州心理研究會主席，她有常年記錄夢境日記的習慣。1972年2月27日有如下一夢：

「有人（是我？）患了重病，似乎又治好了。這是奇跡，許多人議論這件事。」

當時庫格勒夫人身上沒有任何疾病的症狀。到了同年4月19日她又夢見：

「有人送給我一件禮物，是一個大方盒，裡面裝著各種形狀的小盒子，它是米切爾太太、羅伯太太、柯裡恩先

生送的。卡片上寫道：愛妳，瑪麗·海倫（老朋友習慣稱呼我的複名。）。

1972年5月8日她記錄的夢境是：

「我與丈夫一同旅行，同行的還有我的朋友多蒂。前面是一連冰帶水的深谷，必須涉水過去，才能到達對面的山崗，採摘美麗的一品紅。」

6月5日夢境日記上寫道：

「我穿著一件白色的襯衫，低頭一看，左側胸前有一塊紫紅色的斑跡。」

9月20日的夢很特別：

「我即將進行手術治療。有人告訴我應該請一位同時能做兩種手術的高明外科大夫，因為分別有兩種病症需要同時處理。」

然後是10月22日的夢：

「病房裡住著兩個手術後的女病人，相處得很融洽。那個切除一側乳房的女病人脖子上吊著繃帶，但是顯得很高興。我問她：她的丈夫做何反應，她說反應良好。」

這階段在她的夢境中還有兩則發揮安慰作用的夢：

「1972年11月5日，夢見知名心理學家魯詹生夫人把雙手按在我的肋部，似乎是用按摩治病。11月6日夢見自己落入深水，有個男人把我拉出水面。」

1972年12月9日，庫格勒夫人突然病倒。12月18日確

診為膽囊結石。接著發現左側乳房內有腫瘤，醫生考慮應該進行活體組織檢查。1973年1月2日成功地完成了膽囊手術。一週反覆檢查乳房，發現腫瘤已經消散，於是決定不再做活體組織檢查手術。

從這個夢例可以看出，庫格勒夫人多次在夢中夢見自己有病，並進行手術，結果她果然有病。這是為什麼呢？因為她白天由於其他興奮的干擾，這些病灶的資訊，無法傳遞給她的腦部而產生感覺和意識。但到了夜晚，由於全身鬆弛，又沒有其他干擾，在夢境中也就把病灶的資訊傳遞了出來。

這說明：夢確實有預示疾病的作用。

三、解夢的意義

中國自古是一個占夢術極為流行的國家。在殷周時，占夢是觀察國家吉凶、決定國家大事的一個重要工具，並專門設立占夢官來解決周王如何致夢、如何占夢、占夢的程序等有關事宜。而歷代在民間都湧現了不少著名的占夢家。如三國魏地的趙直、三國東吳的宋壽、三國魏地樂安的周宣，還有索址、萬推等等。他們占夢，有的十不失一、有的十中八九，都是十分靈驗的。

那麼，以現在的觀點來看，解夢對我們究竟有什麼意義呢？

我們認為有下面三方面的意義：

1.可以滿足作夢者的心理

一個人作了夢，總希望能對它們進行解釋。有時作了好夢，作夢者希望瞭解為什麼；有時作了噩夢，作夢者心驚肉跳，更希望弄個明白；有時作了亂七八糟的夢，作夢者擔心出什麼事，也希望弄個清楚等等，作夢者都希望自己進行解釋，或者請人給以解釋。透過解釋，一般的夢都可以給作夢者心理上的滿足。

2.可以使作夢者提高警惕

有的夢解下來使人心理上得到滿足，但有的夢解下來不盡人意，甚至十分不利，那怎麼辦呢？這就需要提高警惕，使事情不向更壞的方向發展。這就是解夢的又一個意義，而且是十分重要的意義。

看下面一個夢例：

韓皋一向和李綺不和，一天李綺夢見萬歲樓上掛著冰，於是李綺自己解夢說：「冰，是寒的意思；樓，是高的意思。難道韓皋（寒高）要來取代我嗎？」

李綺心裡特別不痛快。後來韓皋果然取代了他。

其實，李綺不必心裡不痛快、不必疑神疑鬼。只要採取措施，搞好與韓皋的關係，以及與上層的關係，那麼這

一不愉快的事將不可能發生。

碰見噩夢、凶夢，並不可怕，只要能吸取教訓，認眞對待，使壞事盡可能地轉化爲好事。

3.可以培養和加強分析能力

解夢是一項十分艱苦的腦力激盪，如果沒有一定的分析能力，那是不能把夢解好的。

請看下面一個夢例：

《三國誌》中有一則記周宣如何解夢的故事：

有人問周宣：「我昨夜夢見草紮的狗（草紮的狗，古文叫芻狗，祭祀用，祭後則棄之），這是什麼兆頭？」周宣說：「你將能吃上一頓豐盛的美食。」不久，這個人外出時果然吃了一餐豐盛的美食。後來，他又問周宣：「昨夜我又夢草紮的狗，是什麼兆頭？」周宣說：「你將會從車上摔下來折斷腿，你應當謹愼小心。」事後，他果眞如周宣所說的摔斷了腿。後來，這個人又去問周宣：「昨晚又夢見草紮的狗，該怎樣解釋呢？」周宣說：「你家會失火，要小心注意!」結果他家眞的遭遇火災。後來那個人告訴周宣：「我前後三次都沒有作夢，只是想試試你，可是你怎麼會那麼靈驗？」周宣對他說：「是神靈要你這樣說的，所以和眞的作夢沒有什麼兩樣。」那個人又問：「三次都是草紮的狗，爲什麼你的解釋卻不一樣？」周宣說：

「編草爲狗是祭神用的，所以第一次預示你能吃到神吃過的佳肴；第二次表示祭祀已完，草狗將會被扔掉，被車輪所輾，所以我說你會摔斷腿；草狗被車輪碾過後只能拿去生火，所以第三次預兆會失火。」

周宣的解夢看起來十分靈驗和神秘，其實，他只是善於分析而已。如果他不善於分析，那麼這三個夢就比較難解。

所以說，分析能力在解夢中十分重要，透過不斷的解夢，就可以提高自己的分析能力。這可以說是解夢給人們帶來的另一個好處。

我們認爲，不能一提起解夢，就把它和迷信連想在一起，只能這樣說：有的解夢不是迷信，相反，它應該算是科學。如佛洛德的解夢技術——心理分析法，雖然有些煩瑣，但誰也不能否認它是科學的。又比如，國外用儀器對睡眠中夢的種種研究，他們也是對夢的解釋，當然不能算是迷信。所以不加分析地來看待解夢，那是不正確的。

四、解夢的條件

在中國古代，關於解夢的條件，最主要的是「五不占」與「五不驗」。

「五不占」是：神魂未定而夢者不占；妄慮而夢者不占；寢凶厄夢者不占；寐中撼府而夢未終者不占；夢有終

始而覺佚其半者不占。

翻譯成白話就是：心神不定就成夢的不能占；胡思亂想而成夢的不能占；醒後知道夢有兇險的不占；睡眠中被搖醒而夢還沒有作完的不占；夢雖有頭尾但醒後已記不全的不占。

這五不占中只有後兩個不占還有些道理。第一占、第二占卻更需要占，第三占根本不需要占。

「五不驗」是：

第一：「昧覺本原者不驗」——指占夢者不瞭解夢是神的顯示，這樣的人不懂占夢、不信占夢，實屬外行，當然占而不驗。

第二：「業術不專者不驗」——自己給人占夢，卻不懂、不精占夢的方法，這種占當然不驗。

第三：「誠未至者不驗」——夢者占夢心不誠，當然也不會驗。

第四：「削遠爲近小者不驗」——不懂占夢之「大道」而玩弄小術者，自然也不會驗。

第五：「依違兩端者不驗」——夢數說，互相矛盾。爲討好夢者，言之爲吉；爲欺騙他人，又言之爲凶。這樣的占夢當然不會驗。

驗就是應驗。「五不驗」就是五個不應驗。「五不驗」中的第一、第三兩驗，一點都沒有客觀標準，彈性太

大。

　　以上「五不占」和「五不驗」，對現在的解夢的意義不大。

　　現在解夢的條件，我們認為主要有下面三條：

　　1.解夢需要豐富的知識；

　　2.解夢需要熟悉情況；

　　3.解夢要注意多動腦。

　　下面加以說明：

1.解夢需要豐富的知識

　　解夢是一種複雜的現象，如果不具備一定的知識，那麼，有些夢就無法解開。

　　比如《解夢書》中的一些夢就是這樣：

　　「夢見頭戴山者，得財。」

　　為什麼「夢見頭戴山者」，可以解為「得財」呢？原來，這裡有一個故事：有一個人姓宋名言，應試了多次都沒有考取。有一次，他午睡時，作了一個夢。在夢中有一個人告訴他說：「你所以不能做官，因為你頭上戴著山，如果你把山字去掉，那你將前途無量。」醒來以後，他就把「嶽」字上的「山」字和兩個「犬」字都去掉了，名字成了姓宋名言。第二年他就高中了，也做了官。因為古時做官便意味著發財，所以，「夢見頭戴山者，得財」。如

果不瞭解這個故事，沒有這方面的知識，那麼，就無法解釋此夢。

再看一個夢例：

從前有一個讀書人將要赴京應試，他作夢夢見自己最先進了試場，醒來以後他告訴妻子自己最先進了試場，「今年秋試我一定會奪得第一名。」

妻子說：「不對，你不記得《論語》上寫的是先進第十一嗎？」

後來她丈夫考試，果然名列第十一。

如果這個妻子不懂《論語》，那麼，她的解釋就不會那麼巧妙了。

由以上事例說明，要把夢解釋得確切，必須具備相關方面的知識。

但是世界上的知識浩瀚如海，要每門知識都能掌握，那是不可能的，也是不必要的。我們認爲對解夢有關的知識，是必須瞭解和掌握的。它們是下列四種：

(1)歷史知識；

(2)各民族知識；

(3)文學知識；

(4)邏輯學知識。

下面略加說明：

(1)歷史知識

歷史是一個國家的重大事件的記載，也是各種知識的彙集。以夢來說，在中國的歷史中，殷人是怎樣占夢的、周人是怎樣解夢的，春秋戰國時期，占夢又有了哪些發展、秦漢以後的占夢又是怎樣的……，都有詳細的記載。如果不懂這些歷史知識，要進一步瞭解夢以及發展對夢的研究，那是比較困難的。

不僅中國歷史，還有世界歷史，因為在許多世界史中，有關夢的記載也是十分豐富的。就以革命導師恩格斯來說，他就是根據北美原始人的資料，分析過村民的夢魂觀念。他說：

「在遠古時代，人們還完全不知道自己身體的構造，並且受夢中景象的影響，於是產生了一種觀念：他們的思維和感覺不是他們身體的活動，而是一種獨特的、寓於這個身體之中而在人死亡時就離開身體的靈魂的活動。」（《路德維希·費爾巴哈和德國古典哲學的終結》，人民出版社1972年版，第14頁）

我們學習了這些知識，對夢的瞭解將會更深刻。

(2)各民族知識

在中國東北的赫哲族，清代時，還處於史前時代。在他們的信仰中，人人都有三個靈魂：一個是生命的靈魂，

一個是轉生的靈魂，還有一個是思想的靈魂或觀念的靈魂。據說，生命的靈魂賦於人們生命，轉生的靈魂主宰人們來世的轉生，觀念的靈魂使人們有感覺和思想。人們在睡眠的時候，身體所以不動，耳目所以沒有知覺，就是因為觀念的靈魂離開了肉體。人們所以作夢，所以在夢中能看見很多東西，甚至看見已經死去的親人，就是因為觀念的靈魂離開了肉體後，能到別的地方去，能與神靈和別的靈魂接觸。正因為夢中靈魂可以神靈接觸，可以與祖先的靈魂接觸，因此他們便把夢象作為神靈或祖先對夢者的一種啟示，夢象也就隨之有了預兆的意義。如夢見喝酒得錢預示著打獵會滿載而歸；夢見死人、抬棺材，預示一定能獵到野獸；夢見騎馬行走，預示著狩獵空手而歸。

景頗族一般把靈魂稱作「南拉」。他們認為人之所以作夢，就是因為靈魂離開了自己的肉體。靈魂不離身，人就不會入睡作夢。有時候入睡卻不作夢，就是因為靈魂外出沒有碰到什麼東西。如果靈魂外出碰到什麼怪物，人在睡眠中就會作出怪夢來。按照景頗族的習俗，如果夢見槍、長刀之類的東西，是妻子生男孩的吉兆；如果夢見黃瓜、南瓜結實纍纍，自己又摘了一大籮筐背回來，據說是凶兆；如果夢見太陽西下、牙齒掉落和喝酒吃肉也是凶兆，不是家裡死人，就是鄰居死人。

如果對這些民族的風俗習慣、對夢的解釋有所瞭解，

那麼對解夢肯定是有好處的。

(3)文學知識

在中國的文學作品中，許多有關夢的創作。如在中國最早用文字記錄的詩歌總集——《詩經》中就有許多的記載；在《左傳》這部歷史書中，夢例比比皆是；在唐宋時期的詩詞中，有關夢的更多，如杜甫的《夢李白二首》、李白的《夢遊天姥吟留別》、岑參的《春夢》、李賀的《夢》。在陸游85卷的《劍南詩稿》中，僅題目標明記夢的就有160首。

在元明時期的戲曲中，有許多關於夢的戲曲。如關漢卿的《蝴蝶夢》、《衣夢》、《西蜀夢》等。還有湯顯祖的《臨川四夢》、《紫釵記》、《牡丹亭》、《南柯夢》、《邯鄲夢》等。

從以上可以看出，在文學作品中存有大量的夢例，如果我們對這個夢進行研究，那麼一定可以找到一些解夢的規律來。

(4)邏輯學知識

邏輯學是關於思維的科學，是專門研究、判斷、推理的科學。解夢離不開邏輯學，只有以邏輯學的方法來解夢，才有可能把夢解開。

比如《太平御覽》中有一則夢例：

「夢圍棋者，欲鬥也。」

爲什麼夢見圍棋者會是欲鬥呢？這是因爲下圍棋者是互相鬥智，就這樣，引申出夢圍棋者就欲鬥了。這就是推理的作用（由甲推知乙），也就是邏輯的作用。

又如：

「夢見杯案（桌子）賓客到也。」

爲什麼賓客會到呢？這是因爲茶杯和桌椅是用來招待客人的，既然夢到「杯案」，可能是賓客要來了。

這也是運用推理的方法來解夢的。所以，解夢和使用邏輯有很大關係。

2.解夢需要熟悉情況

所謂解夢需要熟悉情況，指的是熟悉作夢的情況。如果對作夢的情況一點也不瞭解、不熟悉，那麼要把夢解得十分確切，是十分困難的。

怎樣才算是熟悉夢者的情況呢？請看德國著名夢學家弗洛姆在他的《夢的精神分析》中舉的一個例子：

有人作了如下的一個夢：

「我正目擊一個實驗。有一個人被變做一塊石頭，然後一位女雕刻家把這塊石頭雕成一尊石像。突然石像變成活人，並且很生氣地走向女雕刻家。我很恐懼地在一旁觀

看，並看見他如何殺死那個女雕刻家。他接著轉向我，我在想假如我能夠引他走進我父母的臥室內，我就安全了。我與他大玩捉迷藏，並成功地引他走進我父母的臥室內。我的父母和他們的一些朋友坐在那裡。但是他們在看見我為生命奮鬥時，卻一點也不關心。我心想：『嗯！早就知道他們根本不關心我。』我勝利地微笑著。」

弗洛姆接著說道：

「這夢到此結束。我們必須知道作夢者這個人，以瞭解這段夢。他是年約24歲的年輕醫生，生活刻板而單調，完全在父母的控制下，母親是一家之主。他從不自動自發地思考和感覺，只盡責地到醫院，為人所歡迎，因為他行為規矩，但是他感到很疲倦、沮喪，並且看不出生活有何意義。他是那種凡事服從的兒子，待在家裡，做母親所期望的一切事，並且很少有自己的生活。他母親鼓勵他約女孩子出遊，但他母親卻對他感興趣的女孩子吹毛求疵。有一次，當他的母親比平常要求得更多時，他對他的母親發了脾氣，他的母親表現出他是如何地傷害了她、是如何地不知感恩，因為這次發脾氣的結果，使他深深地懊悔並更加地服從他的母親。在他作這個夢的前一天，他曾在地下鐵道等火車，他注視著三個與他年紀差不多的人在月臺上交談。他們顯然是從超商下班準備回家的店員。他們正在談論著上司：一個說自己可以得到加薪的機會，因為老闆

非常喜歡他；另外一個人談到有一天老闆曾對他談起政治問題……整個談話皆顯出這三個人是循規道矩而內心空虛的小人物，他們的生命由於超商的瑣屑事務及他們的老闆而被吸收、融化了。作夢者望著這些人，突然感到很震驚。他突然想到：那就是我，那就是我的一生！我並不比這三個店員好到哪裡去，我就像死人一樣！當晚就作了那個夢。」

明白了作夢者的一般心理情境以及那段夢的直接原因後，要瞭解夢就毫無困難。

這個夢是什麼意思呢？原來，那個石像就是夢者自己，女雕刻家是他的母親，他要「殺」他母親是為了反抗她。這個夢就是他對母親不滿的發洩。

請看，如果不瞭解這個作夢者的情況，那麼，就不可能解開這個夢。因為誰也不可能想到石像就是作夢者自己。

同時，從上面弗洛姆的瞭解作夢者的情況來看，所謂瞭解指兩點：一是瞭解作夢者的個人與家庭情況；二是瞭解作夢者作夢的起因。

怎樣才能瞭解到這兩點呢？關鍵就在於一個問字。問誰？問作夢者。只有多問、善問、有目的地問，才能得到所需的種種解夢情況。

3.解夢要注意多動腦

　　爲什麼解夢要注意動腦呢？這是因爲：

　　(1)到目前爲止，世界上還沒有一種十分有效的方法可以準確地解釋所有的夢，包括佛洛德的心理分析法。美國的Ｗ・鄧恩，他是一位夢學專家，他寫過一本《夢的科學》，他曾經說過，他能夠提供一種方法去識別夢中的預知性問題，但他迄今並沒有履行他的諾言。既然沒有一種行之有效的方法，那麼在解夢時要想把它解得確切，這就得靠每個解夢者的努力，如果他知識面廣、對作夢者的情況又十分熟悉，而且又肯動腦筋，那麼他解的夢就可能好一些。當然，我們所說的是沒有一種十分有效的放之四海而皆準的方法，而絕不是說沒有方法。

　　(2)有些夢確是十分玄虛、十分神秘，如果不動腦筋，確實叫人難以解開。如《聖經》上有一個怪夢：法老曾在夢中見到「先出現七隻健碩的牛，繼之有七隻瘦弱的牛出現，牠們把前七隻健碩的牛吞噬掉」。這個夢是什麼意思呢？約瑟夫是這樣對法老解釋的：「埃及將有七個饑荒的年頭，並且預言這七年會將以前豐收的七年所盈餘的一切耗光。」弗洛伊德指出這個夢之所以能解釋出來，是約瑟夫利用了「相似」的原則。解釋也就是說約瑟夫經過認眞思考，利用「相似」這一形式才能回答出來的，雖然他們的解釋不一定準確。

又如下面一個夢例：

據《晉書》記載，晉代張茂年輕時，曾經夢見得到一頭大象。他就問占夢者萬推這是什麼預兆，萬推告訴他說：「閣下當大郡的郡守，但結局不大好。」張茂問他為什麼？萬推回答說：「象是大獸，獸者守也，所以得知當為大郡的郡守。然而大象常因牠的牙齒而遭殃，被人類傷害。」張茂後來的結局正如萬推所言。

從這個夢例可以看出，萬推是善於動腦的人，他從一頭大象能推想到張茂做什麼官，又能推想到張茂的結局。如果他不善於動腦，恐怕這個夢比較難解釋。

(3)作夢者各人的情況不同，作的夢也不同。有的夢解下來是好兆、有的夢解下來是凶兆，有的夢可能一點意義也沒有。應該怎樣對作夢者進行解釋呢？是好兆，照說問題不大，如果是凶兆，照實說恐怕不一定妥當。這是因為凶兆只是你所說的，事實上不一定會有什麼壞事出現。其次，一般人的心理是喜歡聽好話，不喜歡聽壞話。所以，如何說話委婉、如何避免傷害對方，就成了一個難題。在這裡，認真動腦，就發揮了很大的作用。

根據以上三點，在解夢中必須認真動腦，那種不肯動腦的人，是不可能把夢解釋好的。

由於篇幅所限，關於實際的解夢方法，這裡就不一一細數了，相信讀者可以在正文中對不同類別的夢境的具體分析中自己揣摩。

第二部分
解夢辭典

一、交通運輸通訊類

交通、車輛、橋樑、鐵路、公路、通訊、電話、信件

交通

夢象 夢見交通。

夢兆 在夢中有注視交通的情景，預示著你企圖一人解決難題，但你最好還是爭取他人的幫助或合作的力量。如果夢見自己輕鬆地騎車行駛，你將會愉快、得體地解決家庭困難。但若有交通阻塞的現象發生，這便是一個晦澀的預示，在迎面而來的困境面前你須穩住神情，單獨地、耐心地克服它。

解釋 注視交通情況的人是交警，而交警一般是一個人指揮交通的，所以此夢預示你企圖一個人解決難題。驅車順利，所以預示愉快地解決困難。交通阻礙就預示困難，解決困難必須耐心才能成功。

划船

夢象 夢見划船。

夢兆 作這個夢後，你要更堅信自己走的路是正確的，大膽地走下去吧！

解釋 在湖中划船，條條水道都

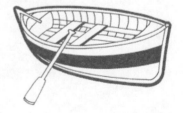

可以達到目的，所以說你走的路是正確的，要堅持下去。

導遊

夢象 夢見導遊。

夢兆 不管夢中是你當導遊，還是被別人引導或是看到他人被引導，或向導遊請教，或買旅遊指南，都預示著透過一個有影響的朋友，你將得到一個有利的新機會。

解釋 導遊就是引導你遊覽，引導對你有影響，能給你機會，所以此夢預示你將有一個有利的新機會。

輪子

夢象 夢見輪子。

夢兆 (1)緩慢轉動的輪子預示著艱苦但富有成效的工作。

(2)快速轉動的輪子表示在財富或社會地位上迅速地發展。

(3)失去一個輪子表示讓人興奮的冒險。

(4)老舊破損的輪子表示因努力不夠而帶來的失望。

(5)飛機輪子表示成功。

(6)汽車輪子表示匆忙的旅行。

(7)自行車輪子表示希望擱置懸而未決的事情。

(8)機器輪子表示境況有所好轉。

解釋 (1)緩慢表示艱苦，但仍在轉動，說明還是有成效的。

(2)快速轉動就是迅速地發展。

(3)失去一個輪子繼續開車，是一種冒險。

(4)老舊破損的輪子無法再使用，只能給人帶來失望。

(5)飛機輪子著陸表示到達目的地，所以表示成功。

(6)用汽車旅行，匆匆忙忙。

(7)自行車車速慢，有些事情辦不起來，只能懸掛在那裡。

(8)機器是大生產，不是境況改善，是不可能用機器生產的。

輪胎

夢象 夢見輪胎。

夢兆 (1)換輪胎的夢提醒你儲備資源，以備臨時需求。

(2)買新輪胎顯示掙脫煩惱之時在望。

(3)輪胎爆裂顯示你的生活會因為隱而不露的原因出現問題。

(4)丟失輪胎是提示你要更加自控，你會發現受益

匪淺。

解釋 (1)換輪胎必須先有備用輪胎，所以提醒你儲備資源。

(2)舊輪胎不能用了，換上了新輪胎，原來用舊輪胎的煩惱沒有了。

(3)輪胎有隱而不露的毛病才會出問題。

(4)輪胎丟失是因為沒有控制好它，所以說你要更加自我控制。

高速公路

夢象 夢見高速公路。

夢兆 警告你做事不能操之過急。

解釋 因速度太快會出車禍，所以預示不能操之過急。

高速列車

夢象 夢見高速列車。

夢兆 你的事業一定可獲得成功。

解釋 因為高速列車一定能達到目的。

十字路口

夢象 夢見十字路口。

夢兆 你將面臨重大的抉擇。

解釋 夢象和夢的意思一致。

乘飛機旅行

夢象 夢見乘飛機旅行。

夢兆 你將有從遠方來的消息。

解釋 飛機是飛到遠處去的,所以有可能從遠方傳來消息。

小路

夢象 夢見小路。

夢兆 如果你夢見在小路上行進,這顯示你將會達到目的。如果你在夢中常常小心翼翼地尋找迷失的道路,那你必須反省你的現實生活,看看自己在哪些地方有失誤之處。

解釋 川、路不是平坦大道,所以沒有毅力者不願走,如果走了,由於有毅力,所以一定會達到目的。在夢中常常找路,象徵生活的道路曲折複雜,要檢討自己才能前進,所以需自省自己。

火車

夢象 夢見火車。

夢兆 如果夢見火車停在車站,或停在沿線的側

軌道上，那麼你新近的計畫將遭到無故的打擊或因此而推遲。

解釋 火車是為了前進的，現在卻停著，這可能是出現了什麼事情，而火車的計畫性是特別強的，由此可以象徵新近的計畫將遭到打擊或推遲。

公共汽車

夢象 夢見公共汽車。

夢兆 (1)夢見乘坐公共汽車，預示心願能實現。

(2)夢見你在等公共汽車，表示將暫時受挫。

(3)如發生事故停車，則由於經濟上的困境而有一段時期的沮喪。

解釋 (1)公共汽車是載人向前，所以預示心願的實現。

(2)等公共汽車是中途停頓，而停頓是某一方面受挫折，所以表示暫時的受挫。

(3)發生事故，馬上不可能修復，所以說有一段時間的沮喪。現在是經濟快速發展的時代，所以說是在經濟上的困境。事故就表示困境。

卡車

夢象　夢見卡車。

夢兆　開卡車或乘卡車的夢都預示著舒服安逸的生活。

解釋　開卡車或乘卡車都是不舒服的，但從反面來講可以預示著舒適安逸的生活。

電車

夢象　夢見電車。

夢兆　不論是有軌電車還是無軌電車，你的一生雖不豪華卻也舒服。

解釋　電車不豪華，但舒適平穩，所以預示你的生活舒適。

電梯

夢象　夢見電梯。

夢兆　升，即是好的象徵；降是不好的象徵。

解釋　升是升高的意思，降是下降的意思，所以象徵好或壞。

自行車

夢象　夢見自行車。

夢兆　(1)騎自行車可得到意外
　　　　的成功。

　　　　(2)推自行車預示你將困
　　　　難重重。

　　　　(3)騎自行車上山，不能
　　　　驕傲自滿。

　　　　(4)騎自行車下山，將有
　　　　禍事發生。

解釋　(1)騎自行車比較愉快，能早一點辦成事，所以可得
　　　　到意外的成功。

　　　　(2)推自行車一般是自行車壞了，所以預示你的困
　　　　難重重。

　　　　(3)騎自行車上山有危險，所以不能驕傲自滿。

　　　　(4)騎自行車下山，危險更大，所以說將有禍事發
　　　　生。

運河

夢象　夢見運河。

夢兆　水滿則為好事。若乾涸或半乾涸，或也有莠草，應
　　　　忌鋪張浪費。

解釋 水滿運河暢通，所以是好事。乾涸、半乾涸、有莠草是象徵個人財力枯竭，所以不能再鋪張浪費。

駁船

夢象 夢見駁船。

夢兆 (1)如駁船滿載，你能戰勝競爭者。

(2)如是空船，則做決定時切忌輕率匆忙。

(3)只看到一艘駁船，你即將遠行。

解釋 (1)船滿載，實力強，所以有力量戰勝競爭者。

(2)空船象徵一無所有，故不能輕率匆忙做決定。

(3)駁船是運貨的，用船運的貨物一般路較遠，所以預示你即將遠行。

運貨馬車

夢象 夢見運貨馬車。

夢兆 (1)夢見自己坐著或駕著這種車，預示在很長一段時期裡，你將拼命工作而少有樂趣。

(2)如果你只是看到這種車，雖與以上相同，但時間較短。

解釋 (1)運貨馬車十分辛苦，所以預示你拼命工作而少有
樂趣。

(2)只是看到，所以程度輕，時間短。

快艇

夢象 夢見快艇。

夢兆 顯示你將會圓滿地完成一個非常重要的計畫。

解釋 快艇飛快地到達目的地，所以顯示你能完成一個非
常重要的計畫。

步行

夢象 夢見步行。

夢兆 (1)如你悠閒地散步，表示著你一帆風順。

(2)如你舉步維艱，則表示你在生活中有許多困難，
並且要克服這些困難，必須決心果斷。

解釋 (1)悠閒散步，平安無事，所以說一帆風順。

(2)舉步維艱，當然是困難重重。

汽車

夢象 夢見汽車。

夢兆 如果汽車僅僅是作為交通工具，則含義不大。

(1)如車速很快，則有遠方來
的消息。

(2)如發生車禍，則東西失而復得。

(3)如發動機熄滅或汽油用盡，你將由於自己輕信或感情用事而導致難堪。

解釋　(1)車速很快是從遠方來，當然是帶來遠方的消息。

(2)車禍是壞事，但反過來解釋卻是好事，所以說東西失而復得。

(3)汽車壞了，應該認真對待，不能輕率認為已經修好或者感情用事一定馬上能開動。如果這樣，一定會導致難堪。

汽車前燈

夢象　夢見汽車前燈。

夢兆　汽車前燈向你射來，是告誡你聽之任之將給你帶來危險，除非你立即採取行動。

解釋　汽車燈光照來，汽車即將駛到，你如不聞不問，那非壓死不可。所以說你會帶來危險。

碼頭

夢象　夢見碼頭。

夢兆　(1)泊在碼頭的船預示著你的一次旅行。

(2)要是碼頭上不見帆影，是警告你由於疏忽，你將鑄成錯誤。

解釋　(1)有船不是停在港口，而是停在碼頭上，說明將

遠行。所以預示著你的一次旅行。

(2)碼頭上沒有船，而你由於疏忽以爲有船，結果
　　耽誤了你的行程，可能誤了你的事，所以說將鑄
　　成錯誤。

輪船

夢象　夢見輪船。

夢兆　(1)無論是帆船、蒸
　　氣船還是摩托船，船之夢預示著有利可圖的冒
　　險。

(2)沉船的夢顯示你應爲自己的名望而戰。

(3)觀看或製作船模型的夢預示著一年之內新的豔
　　遇。

(4)夢見船隊是事業順利的象徵。

解釋　(1)任何船都是從事運輸，所以必然有利可圖。行
　　船總有一定的風險，所以是有利可圖的冒險。

(2)沉船了，將身敗名裂，所以必須應爲自己的名
　　望而戰。

(3)船模型是一種創造，一種美，而婦女也是美的，
　　所以可能有豔遇，但爲什麼要在一年之內呢？這
　　是一種估計，因爲一般製作船模型是不會超過一
　　年的。

(4)船隊浩浩蕩蕩，力量大，所以是事業順利的象
　　徵。

轟炸機

夢象　夢見轟炸機。

夢兆　預示生活道路上的威脅，如若行動明智，即能消
　　除。

解釋　轟炸機是對人有威脅、有危險，為了避免這種危
　　險，只有採取明智的行動。

剎車

夢象　夢見剎車。

夢兆　夢見你剎車，你將得到一個晉升的機會。如果剎車
　　不靈或有噪音，則你在接受新的任命前宜再三權
　　衡，因為可能有暗伏的危機。

解釋　剎車表示避免了危險，這是好事，所以可能有一個
　　晉升的機會。當然，機會只是一種可能性，而不是
　　絕對的。

　　剎車靈是晉升，那麼剎車不靈或有噪音，就不是晉
　　升，相反就有危險，所以說可能有暗伏的危險。

狹路

夢象　夢見狹路。

夢兆 以狹路或鄉間小路為特徵的夢是忠告你，在與異性的交往中要謹慎。

解釋 狹路或小路都是不大好走的，所以走路時要小心謹慎。而與異性交往，就像走狹路一樣難走，所以說在與異性交往中要謹慎。

駕駛

夢象 夢見駕駛。

夢兆 (1)夢見別人給你開車，則財星高照。

(2)夢見自己開車，則在這幾個星期內應在錢財方面小心為是。

解釋 (1)有別人開車，當然有了錢，所以說財星高照。

(2)夢見自己開車，則可能有危險，有危險出了事傷了人，所以在財錢方面要小心。因為是開車，速度比較快，所以說在幾星期之內。

獨木舟

夢象 夢見獨木舟。

夢兆 夢見獨木舟上空無一人，你需結交新朋友。

解釋 獨木舟象徵孤獨，所以需結交新朋友。

船塢

夢象　夢見船塢。

夢兆　(1)繁忙的船塢預示物質財富的增長。

(2)廢棄不用的船塢，或只有你獨自一人的船塢，預示不幸。

解釋　同樣是船塢，但應區別對待。

租車

夢象　夢見租車。

夢兆　夢見自己租車，或坐在租來的車裡，你會突然遇到好運。

解釋　租車是沒有錢的表示，反過來說卻是好事，所以說你突然遇到好運。

人行道

夢象　夢見人行道。

夢兆　若你夢中的人行道很平坦，或夢見在鋪設新人行道，那麼可以預料到，你目前的興趣可以發展，然而夢見顛簸、損壞的人行道，則是警告你，正處在喪失顏面和社會影響的危險之中，除非你學會控制或隱藏自己的嫉妒心。

解釋 新的完好的人行道是平坦的，所以預示著順利。顛簸、損壞的人行道是危險的，所以預示遇到的種種困難，如喪失顏面和社會影響。

石頭

夢象 夢見石頭。

夢兆 踩踏石臺階象徵緩慢穩步的前進；帶斑點的石頭與愛情有關。扔石頭顯示你為失去機會而遺憾，引為教訓吧！不要為馬後炮費神。

解釋 踩踏石臺階向上，表示穩步的前進。帶斑點的石頭作為紀念品（如雨花石贈給戀人，所以與愛情有關）。扔石頭是心情不佳的表現，所以顯示一種遺憾，如失去機會。

石板

夢象 夢見石板。

夢兆 石板的夢象徵著財運和財富的到來。

解釋 石板鋪路平坦，而平坦是一路平安，不出意外，所以象徵財運和財富的到來。

甲板

夢象 夢見甲板。

夢兆 夢見自己在艙面上，而且風平浪靜乃好事；如果是大風大浪，你將有意想不到的麻煩。

解釋 風平浪靜當然是好事，大風大浪必然有麻煩。

加油站

夢象 夢見加油站。

夢兆 在加油站加油，預言收入增加；在加油站賣油，意味著生意上將有一段時間的不景氣。

解釋 加了油再去掙錢，就可以使收入增加；在加油站賣油，是出賣勞力的，只有在生意上不景氣的人才會這樣做。

地鐵

夢象 夢見地鐵。

夢兆 暗示著你眼前一系列的煩惱，不要失望，很快這一切將成為模糊的記憶。

解釋 地下表示不祥，所以表示煩惱。但乘坐地鐵的時間是短暫的，所以這種煩惱只是暫時的。

吊橋

夢象 夢見吊橋。

| 夢兆 | 夢見放下的吊橋，則你的日子過得極其快活；夢見拉起的吊橋，則未決的事情有滿意的結果。如果夢見吊橋正在放下，則應退一步，以便邁出兩步來。 |

| 解釋 | 吊橋放下，能讓你走到目的地，所以預示未決的事情有了滿意的結果。吊橋正在下放，應該退一步，不然吊橋放不下來。 |

亂穿馬路

| 夢象 | 夢見亂穿馬路。 |

| 夢兆 | 夢到他人闖紅燈，是警告你，你可能因正在計畫中的愚蠢行動被發現而感到丟臉，你最好忘掉它，如果你自己橫穿馬路，你將遇到法律上的麻煩。 |

| 解釋 | 別人闖紅燈是不好的，是愚蠢行為，而愚蠢行為會使人感到丟臉。但也不要耿耿於懷，最好把它忘掉。若你自己橫穿馬路，如果出了車禍，就會遇到法律上的麻煩。 |

誤點

| 夢象 | 夢見誤點。 |

| 夢兆 | 如果是火車或飛機誤點，則錢財上將出現問題。 |

| 解釋 | 誤點是不守信用，不守信用就不能做成生意，所以錢財上將出現問題。 |

帆

夢象　夢見帆。

夢兆　夢裡揚帆起航的情景意味著幸福在即；假若你在晴朗的天氣中迎著和煦的風航行，你將進入繁榮時期；

要是夢中之海風浪大作或死樣沉寂，你很快會有失望小事，駕小船入港灣的夢預示著突然的成功或意外的好運。

解釋　揚帆起航或晴天航行都象徵幸福和繁榮。風浪大作，死樣沉寂，不能完成航行任務，當然預示失望。駕小船平安到達目的地，預示成功或好運。

油布

夢象　夢見油布。

夢兆　如果你夢見的油布是閃光嶄新的，即是告誡你避免任何不正當的東西。然而，如果你夢中的油布是破爛的，則是暗示你可能從與異性交往中受益。

解釋　因為任何一點點的不當就會影響閃光或嶄新的東西。破爛的東西是不好的，但異性可能會同情你，所以可能會有好處給你。

軛

夢象 夢見軛。

夢兆 夢見軛表示你的環境改變了，但是夢見自己身上套著軛，那就說明你過多地被人牽制了。你在生活中應該更有主見。

解釋 有軛和沒有軛不一樣，所以象徵你的環境改變了。自己身上套著軛，就是失去了主見，被人牽制了。

軸

夢象 夢見軸。

夢兆 如夢見斷軸或彎軸，你將遭到反對。如這軸正在修理中，或安了一個新軸，你將能克服困難。

解釋 斷軸或彎軸不能用了，當然人家會反對你用。把軸修好或安一個新軸，可以用了，困難也就克服了。

房梁

夢象 夢見房梁。

夢兆 顯示你將會遇到麻煩，有人正在伺機找你的麻煩，放聰明點。

解釋 房梁是房子的重要部分，所以會有好多人看著你，伺機找你的麻煩。

標誌

夢象 夢見標誌。

夢兆 路標、溫度計或其他標誌為特徵的夢預示著一些新的朋友，他們都很有用。

解釋 路標、溫度計十分有用。

標籤

夢象 夢見標籤。

夢兆 (1)如果夢中你見識到容器（不管是什麼容器），預示事業上的投資能帶來利益。

(2)如果夢見的標籤貼在盒子上、樹幹上、行李上或者是沒貼、沒繫住的標籤，預示著一件令人驚奇的事，很可能是意料不到的一次旅行或者是一位遠道而來的來訪者。

解釋 (1)容器是裝東西的，現在能裝東西，所以預示投資帶來利益。

(2)這些標籤與旅行有關，所以說可能是一次旅行或是一位遠道而來的來訪者。

相撞

夢象 夢見相撞。

夢兆 夢見汽車或輪船相撞，宜果斷做出決定。若不相信

自己的判斷，應請教朋友或專家，切勿遲疑。

解釋 汽車或輪船相撞，這是在事前沒有做出避免相撞的決定，所以此夢預示宜果斷做出決定。若自己無能力，可請教他人。

胡同

夢象 夢見胡同。

夢兆 夢見胡同或小巷，預示你將一帆風順。如果是條死胡同，則成功雖能達到，但須艱苦努力。

解釋 胡同或小巷是通的，預示你一帆風順。如果是死胡同，必須繞道走，所以須艱苦努力。

砂粒

夢象 夢見砂粒。

夢兆 食物中有砂粒，是告誡你不要傳播不可信的謠言。

解釋 食物中的砂粒，不是糧食，而是冒充糧食，所以是不可信的東西。由此告誡你不要傳播謠言。

信號燈

夢象 夢見信號燈。

夢兆 你將從一位有影響的朋友那裡得到幫助。

解釋 信號燈幫助你前進。

槳

夢象　夢見槳。

夢兆　遺失或折斷了船槳是壞消息，表示你碰到了麻煩。

解釋　槳斷了當然麻煩。

旅客

夢象　夢見旅客。

夢兆　如果自己在夢中是名正在旅行的旅客，預示你可以輕而易舉地取得勝利，而夢見自己乘輪船、飛機、小船、火箭、氣球等則表示你應從煩惱中解脫出來。

解釋　正常旅行，是一路平安，所以預示輕而易舉地取得勝利。乘各種交通工具旅行，有些擔心和煩惱，但到了目的地煩惱就會解脫出來。

旅館

夢象　夢見旅館。

夢兆　如果這個旅館華而不實或非常豪華，顯示你對一件事情的結果深感失望。如果與你常光顧的旅館相差無幾，則是一個令人滿意的象徵。

解釋　華而不實或非常豪華你會感到失望。如你常住的旅

館一樣，就是你滿意的旅館，所以你會感到滿意。

航行

夢象 夢見航行。

夢兆 夢見研究航海或航空，象徵較遠的旅行；夢見做一個航行者，預示著生活中要全力加以解決複雜問題。

解釋 航海或航空就是較遠的旅行。一個航行者在航行途中一切複雜問題都由自己解決。

橋樑

夢象 夢見橋樑。

夢兆 如果是在白天，橋很安全，你毫不費力地通過，預示將有一個令你滿意的變化，可能是職務上的升遷。如果橋樑有損壞，或比較危險，這一時期忌做任何變動。

解釋 能毫不費力地通過橋，表示你前途通達，可能有職務上的升遷。橋有損壞或危險，這時就應小心從事，安分守己，避免任何變動。

舵

夢象 夢見舵。

夢兆 要是夢見折斷舵，請你在近兩三週內避免旅行。一般的舵象徵你正走在通往幸福的大道上。

解釋 折斷舵必須停止旅行。舵端正航向，十分重要，如舵把得好，可以通往幸福的航道。

雪撬

夢象 夢見雪撬。

夢兆 夢見騎在雪撬上是一個令人振奮的預示，它為你帶來了一種熱烈非凡的愛情生活。如果再夢見摔倒，這種愛情生活將來得急，也去得快。

解釋 騎在雪撬上賓士，充滿浪漫氣息，所以預示一種熱烈非凡的愛情生活。如果摔倒，那這種愛情也就不存在了。

船長

夢象 夢見船長。

夢兆 對於男性，意味地位上的升遷，對於女性，宜提防別人的妒忌。

解釋 男性做了船長，所以是升遷。女性做船長是少有的事，可能會引起別人的妒忌。

船隊

夢象 夢見船隊。

夢兆 (1)停靠在碼頭或正要入港的漁船隊，表示平心靜
氣。

(2)若是正要出海，則代表煩惱。

(3)拋錨的海軍艦隊，意味著擺脫責任的重負。

(4)若是編隊行進，則預示還要長期擔負責任。

(5)帆船隊，特別是晴空萬里時，是希望復甦的徵
兆。

解釋 (1)漁船隊已平安到達，所以心裡很平靜。

(2)出海煩惱很多，如能否捕到魚、天氣如何等等。

(3)拋錨是不再出航，所以責任的重負也就御下了。

(4)如出航當然還要擔負責任。

(5)帆船隊是古老的船隊，現在已不大使用，但人
們在好天氣時，總想再出海試試，所以可說是希
望復甦的徵兆。

船艙

夢象 夢見船艙。

夢兆 喻示家庭不和或糾紛。

解釋 船艙裡人多雜亂，糾紛多，所以比喻家庭不和或糾
紛。

渡輪

夢象 夢見渡輪。

夢兆 預示撒下汗水必有收穫。

解釋 渡輪是擺渡用的，只要努力，一定能渡到彼岸的。

停車

夢象 夢見停車。

夢兆 停車或想停車，預示著你應該開始逐步減少那些你不感興趣的關係。

解釋 停車或想停車是不想繼續往前走，所以預示逐步減少那些你不感興趣的關係。

舷梯

夢象 夢見舷梯。

夢兆 如果你走在舷梯上，向上表示好，向下則反之。

解釋 上升表示好，下降表示壞。

街道

夢象 夢見街道。

夢兆 陌生的街道預示著你將有新的冒險活動或危險的交涉。擁擠不

堪的街道預示著旅行和對新環境的迷惑。很長很長的街道，顯示你須大大地忍耐眼前的壓力，這樣，才有可能實現你的追求。

解釋　到陌生之處就會有冒險和危險。擁擠不堪，使人眼花撩亂產生迷惑。很長很長的街道需要耐心，才能取得需要的東西。

儲藏

夢象　夢見儲藏。

夢兆　(1)儲藏——象徵著富足與安全。

　　　　(2)提取儲藏物——象徵著環境及個人的社會基礎的變動。

　　　　(3)分散儲藏物——象徵著小小的經濟困難。

解釋　(1)富足與安全了，才能進行儲藏。

　　　　(2)提取儲藏物就是變動。

路

夢象　夢見路。

夢兆　夢見平直寬廣的大路，象徵著平穩、令人滿意的進步。如果道路崎嶇坎坷，代表生活中的障礙有待消除。

解釋 行進在平直寬廣的大路上，就是平穩而令人滿意。
崎嶇坎坷，生活有障礙。

錨
夢象 夢見錨。
夢兆 近幾個月內並不急需的東西，你先別花錢買。
解釋 拋錨是不動、不行的象徵，所以不急需的東西先不
要買。

遊艇
夢象 夢見遊艇。
夢兆 (1)夢中的遊艇是經濟
情況改善的象徵。
(2)如果你在遊艇上娛樂，你肯定會實現你的目標。
(3)在洶湧的水面上航行，預示著你將財運亨通。
解釋 (1)有錢才會有遊艇。
(2)娛樂肯定可以成功，如下棋打牌。
(3)在洶湧的水面上能平安行舟，表示一路順風，
所以說財運亨通。

隧道
夢象 夢見隧道。
夢兆 你的生活將有一次冒險的活動。

| 解釋 | 穿過隧道本身就是一種冒險活動。 |

漏洞

夢象	夢見漏洞。
夢兆	一個漏洞，是做無用功的象徵。
解釋	漏洞就是無用功。

廣播

夢象	夢見廣播。
夢兆	夢裡收聽廣播預示成功。夢見自己在播音，則應堅持進行目前的計畫。
解釋	多收聽廣播，資訊得到的多，所以辦事成功的希望大。如自己播音，這是爲了宣傳，所以爲了信譽，更應把計畫堅持下去。

電報

| 夢象 | 夢見電報。 |
| 夢兆 | 若是令你高興的好消息，現實中自然亦會有好運氣，反之，這種緊急的信號告訴你趕快節制開支，否則新的財源將遠遠不及補充你的花銷。 |

解釋 夢是現實的反映，所以夢中有好消息，生活中就會有好運氣。如果不是好消息，那麼這種告急，意味著你生活上將有困難，所以必須節制開支，以免入不敷出。

錄音電話機

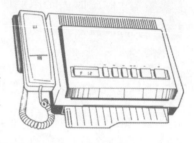

夢象 夢見錄音電話機。

夢兆 (1)僅僅看到錄音電話機，預示將有關於朋友的好消息。

(2)若是使用這種電話機，可望升官發財。

解釋 (1)電話是朋友打來報告好消息的。

(2)使用這種電話機的人經濟實力雄厚，交友廣闊，所以不是升官就是發財。

信

夢象 夢見信。

夢兆 夢的含義取決於信的內容。

(1)收到好消息，前程似錦。

(2)信中充滿憂愁，預示著即將來臨的拼搏。

(3)不重要的或日常的信。

(4)寫情書，象徵著對一段愚蠢的戀愛的後悔莫及。

(5)毀壞一封未拆開的信，顯示需要修正過去的不

公正。

(6)讀一封寄給別人的信，預言財物遺失。

(7)一封連鎖信，預示不久有一段不尋常的經歷。

(8)一束情書，是告誡你能夠從問心無愧中獲益。

(9)把信件歸檔或在卷宗中尋找信，預示著環境的改善。

(10)一封信由送信人而不是透過郵局送到你手中，顯示在小事上不和。

(11)用彩色墨水寫成的信顯示家庭糾紛。

(12)夢見藏信或找到藏著的信，是警告你，謹防不忠實的朋友（包括你的愛戀之人）。

解釋 (1)好消息當然對前途有好處。

(2)不拼搏不能解除憂愁。

(3)對對方充滿希望，但只來了一封不重要的信，所以表示失望。

(4)寫情書應戀愛成功，但反過來卻是後悔莫及。

(5)信都未拆卻把它毀壞了，說明此信需要重新寫才對。

(6)有財物遺失才寫信告訴別人。

(7)連鎖信因涉及的人太多，所以可能會有不尋常的糾紛或經歷。

(8)情書就應該問心無愧，這樣才能獲益。

⑼要調動工作或提升，才在檔案中找那封重要的
　　倍。

⑽有了點小矛盾，而請人送信。

⑾家庭有糾紛才用紅筆（彩色墨水寫信）。

⑿不忠實的朋友才會藏信。

海報

夢象　夢見海報。

夢兆　你夢見任何一種海報都預示著你會得到一些驚人的
　　　　消息。

解釋　海報就是給人驚人消息的。

消息

夢象　夢見消息。

夢兆　這是典型的反夢，夢中的消息越糟，實際的消息越
　　　　好，反之一樣。

解釋　這是用反說法解釋的。

郵票

夢象　夢見郵票。

夢兆　⑴不管在夢中看見了什麼郵票，只要有著奇怪的
　　　　　樣子都說明你在本年財運亨通。

　　　　⑵夢見帶有郵票的信封意味著個人處境的改觀。

(3)夢見買郵票預示著財富的增加。

(4)夢見好收集外國郵票預示著朋友的好言相勸。

解釋 (1)奇怪的郵票每人都喜歡，而郵票又是傳遞資訊的，所以如果做生意，就可能財運亨通。

(2)有信封就有信，說不定這封信會改變你的命運，所以說意味著個人處境的改觀。

(3)能購買郵票，而郵票是為了交往的，所以預示財富的增加。

(4)收集外國郵票說明外國朋友多。而集郵是一高尚的事業和愛好，所以朋友之間的互相幫助，更能促使事業的發展，所以說朋友的好言相勸是有益的。

飛機

夢象 夢見飛機。

夢兆 夢見飛機在天上飛，則表示你的職務會升遷。夢見飛機降落，則你目前的經濟困難無法解決。

解釋 上升是好事，所以預示職務升遷。降落是壞事，所以說經濟困難無法解決。

大哥大

夢象 夢見大哥大。

夢兆 要當心你的財物。

解釋 因爲你有大哥大，說明你比較富有，而有人就會打你財物的主意。

BP機

夢象 夢見BP機。

夢兆 不要輕易地相信別人。

解釋 因爲有些人使用BP機是爲了詐騙。

電話

夢象 夢見電話。

夢兆 (1)夢見你家中裝了電話，你的朋友會告訴你喜訊。
(2)夢見你在打電話，將會發生使你掃興的事。

解釋 (1)裝電話是爲了傳遞消息，所以你朋友會有好消息告訴你。
(2)打電話可能聽到好消息，也可能聽到壞消息，所以會發生使你掃興的事。

二、人體器官神經類

四肢、頭、眼睛、五臟、神經

四肢皆斷

夢象　夢見四肢皆斷。

夢兆　此夢主分離之兆。名利廢，交友無情，病體劇，做事無成。

解釋　四肢皆斷，所以做什麼事都不能成功。

肥

夢象　夢見自己肥胖。

夢兆　貧人夢肥，財來致富。富人夢此，富族富家財長旺。少年夢此大吉。病者夢此無藥可治。

解釋　貧者能長肥，說明並不貧窮。富者肥上加肥，那家庭更興旺。孩子能長得肥壯，所以大吉。病者雖肥，但外強中乾，已無藥可治。

瘦

夢象　夢見瘦。

夢兆　夢瘦者，骨力強壯之象。少者夢此家貧無患。老者夢此健康。富貴者不祥。女子懷胎

夢此大凶。

解釋 瘦是精悍強健的象徵，所以夢見瘦不是壞事。少年人家貧瘦一點也無什麼害處，反而是健美之儔。「有錢難買老來瘦」，所以老年人瘦一點是健康的表示。而富貴者瘦了，說明境況有所改變，已在走向衰敗。孕婦不能瘦，瘦了，不是有病，就是營養不良，兩者對嬰兒都不利，所以大凶。

找不到身體

夢象 夢見找不到身體。

夢兆 主氣散形變，將發生不幸的事。

解釋 自己的身體都找不到，自己已不能掌控自己，一切將隨別人擺佈，那麼一切不幸就會降臨。

積薪起火焚身

夢象 夢見積薪起火焚身。

夢兆 大吉，主由極貧至極富。

解釋 一把火把什麼都燒光，一切將從頭開始，命運將有極大的改變，從此將有可能由貧變富。

疥癩瘡癤滿身

夢象 夢見疥癩瘡癤滿身。

夢兆 爲人子者夢此主父母有災。一般
人夢此則有人來損害之兆。

解釋 古時認爲，身體屬於父母，現在
身體有疾，所以父母將有災。

疥瘡是不潔之症，一般是被別人傳染
所致，所以可能將有人前來損害於你。

稱體重

夢象 夢見稱體重。

夢兆 吉，身輕諸事宜，有吉無凶。體重名重，爲人所
重，是大吉兆。

解釋 身輕各方面都方便，如行走、乘車、穿衣等。體重
重實，重名譽，所以爲人所重，大吉兆。

與人比大小高矮

夢象 夢見與人比大小高矮。

夢兆 大吉、小凶、高吉、矮
凶。

解釋 比別人大，比別人高，
一切比別人有優勢，當

然是好（吉）。反之，比別人小，比人矮，一切不
如人家，當然不好（凶）。

失明
夢象 夢見失明。
夢兆 夢見變成瞎子，預示你將窮困。
解釋 瞎子不能獨立生活，而且眼前一片黑暗，如果無人
幫助則必將貧困。

寒如臨水履雪
夢象 夢見寒如臨水履雪。
夢兆 凶，將有大災，出行在路，須防盜賊或家中有事。
解釋 白天心神不定，晚上作夢才有如臨水履雪的反應。
這告訴人們一定要小心行事，以防各種意外，如防
盜賊或家中意想不到的事。

斷頭而行
夢象 夢見斷頭而行。
夢兆 主喜慶來至，主事無頭緒。
解釋 斷頭是壞事，但否極泰來，所以可能有喜慶之事降
臨。無頭而行，做事缺乏頭緒，所以說事無頭緒。

換頭
夢象 夢見換頭。

夢兆　求名進取，必居第一；平人覓利，頭等交易。若病
人夢此，不藥而癒。

解釋　本來功名落第，現在重新開始，所以有可能居第
一。一般人重新開始交易，可能獲利。而病人，因
夢此而大有轉機，所以可能不藥而癒。

頭痛

夢象　夢見頭痛。

夢兆　夢中疼，醒後疼不止，是病不是夢。醒後不知疼者
好夢，有喜慶之兆。

解釋　一直頭疼，當然是病。夢中疼而醒時不疼，實際頭
不痛，只是夢中頭痛，痛苦只是在夢中，所以在醒
後可能會有喜慶之事出現。

身飛

夢象　夢見身飛。

夢兆　此夢身不著地是高飛遠舉之兆。智者得之高興，顯
者得之高升，求利者得之活潑，英雄得之揚名，酒
醉得之氣盈，病者得之身輕。窮居得之可度，訟者
得之無爭。

解釋　飛是向上飛，向上就是高升，順利的意思，此點適
合任何人，夢到此夢都能遇事順利，化凶為吉。

魂飛

夢象　夢見魂飛。

夢兆　主有病難癒。

解釋　由幹有病，心神不寧，神不守舍，所以在睡覺時也
　　　　不安寧，擔心有病難癒。

身陷入地

夢象　夢見身陷入地。

夢兆　半身在地下，半身出地面，這是出頭之兆，苦日子
　　　　熬出了頭。若沒入土中，則大凶。

解釋　在土中能出地面，所以是出頭之日已到，既已有所
　　　　改變，那貧困的日子即可結束。而沒入土中不能出
　　　　來，那是永無翻身之意，前途茫茫，所以是大凶。

全身忽然變黑

夢象　夢見全身忽然變黑。

夢兆　凶，災禍突至，疾病臨
　　　　身。

解釋　黑象徵不吉利、晦氣，所
　　　　以說災禍會突然來到。有
　　　　病身才黑，所以疾病將
　　　　至。

洗澡時跌跤

夢象　夢見洗澡時跌跤。

夢兆　說明辦事時不能操之過急，
凡事都將延緩。

解釋　由於心急，不小心，洗澡時
跌跤，所以說萬事不能操之
過急，只有緩慢穩步前進才
能成功。

藏頭

夢象　夢見藏頭。

夢兆　諸事宜小心，不宜出頭。

解釋　夢中藏頭是不想把頭露出
來，這是白天想出頭露面的
表示，所以說諸事宜小心，
不宜出頭，以免招來是非。

面色青黑黃瘦

夢象　夢見面色青黑黃瘦。

夢兆　病惡驚憂不祥之兆。

解釋　根據黃帝內經，面色清黑黃瘦是有病之象，所以預
示夢者有病。

面污垢

夢象 夢見面污垢。

夢兆 將有難、有禍至。

解釋 滿面污垢,是不得意者,所以有災難橫禍降臨。

戴假面

夢象 夢見戴假面。

夢兆 將是人覆庇保護。

解釋 戴上假面,使人不知底細,所以將會有人庇護。

掩面

夢象 夢見掩面。

夢兆 夢此必有男女幽會之事至,害怕見人。

解釋 男女之事難以見人,故掩面以遮蓋。

精神病

夢象 夢見精神病。

夢兆 夢見自己患精神病,意味著好消息。如果他人患病,則你將有一個不愉快的意外事情。

解釋 從反面來解釋。

眼珠墜地

夢象　夢見眼珠墜地。

夢兆　主凶喪，夢此者其難難免。

解釋　眼珠墜地，無法識人，只能任人宰割，所以其難難免。

摘人眼珠納己眼中

夢象　夢見摘人眼珠納己眼中。

夢兆　吉，名倍升，利倍取，運倍亨，目倍明，家倍豐，壽倍增。

解釋　一雙眼睛看得清東西，現在兩雙眼睛看東西更清了，所以就來了一個「倍」字：名倍升、利倍取…

耳聾

夢象　夢見耳聾。

夢兆　夢此者不祥，病者夢此肺氣不足。

解釋　耳聾聽不見聲音，所以不祥。肺氣不足者耳鳴或耳聾，是有病的徵兆。

鼻塞

夢象　夢見鼻塞。

夢兆　凶，氣不通，心中蘊結遭惡境。

解釋　心中積憤太多，境遇不佳，所以睡眠時氣脈不順，
　　　鼻塞。

被人截鼻

夢象　夢見被人截鼻。

夢兆　有禍必清，有病必療，辦事能成。

解釋　截鼻是壞事，但處理好，結果並不壞，禍事能澄
　　　清，有病能治好，難辦的事能辦成。

鼻樑破碎

夢象　夢見鼻樑破碎。

夢兆　於事破敗，有財難保，父母喪亡，田園被劫。

解釋　鼻樑是莊嚴、完整的象徵，現在已經破碎，那麼一
　　　切都破滅，壞事接踵而來，以致家破人亡。

畫眉

夢象　夢見畫眉。

夢兆　老者夢之得延齡，童子夢
　　　之學業有長進，女子夢之
　　　丈夫好，病中夢之可痊
　　　癒。

解釋　老人畫眉，心情舒暢，所
　　　以能延齡。童子畫眉有耐

心，用於教育上則學業將會有所進步，因學生學業不能有成，主要是沒耐心。女子畫眉是打扮，打扮得漂漂亮亮，可獲男子喜歡，所以對她好。病者有興趣畫眉，可見病可痊癒。

頭髮脫落

夢象　夢見自己頭髮脫落。

夢兆　凶，血虛財損之兆。

解釋　頭髮脫落是身體虛弱、有病的表現，所以凶。身體不好，心情不佳。爲了醫病，所以要損財。

割髮與人

夢象　夢見割髮與人。

夢兆　主受刑被劫之兆。

解釋　古代認爲頭髮十分重要，現在割下來給人，可能出了什麼大事才會這樣做。這就可能會有牢獄或被劫之災。

剪髮

夢象　夢見剪髮。

夢兆　大凶。

解釋 古人認為頭髮十分重要，甚至勝過生命，現在不要頭髮了，命也不要了，所以大凶。

髮白再黑

夢象 夢見髮白再黑。

夢兆 主壽永無疆。冤沉難雪。

解釋 頭髮由白轉黑，是返老還童的表現，所以說「壽永無疆」。本來可有希望（白），現在卻黑了，所以冤沉難雪了。

口大如鬥

夢象 夢見口大如鬥。

夢兆 正大光明，滋潤通達，富貴長年，有口舌時他人莫能勝。

解釋 心直口快，無私心，正大光明，這樣各方關係好，富貴能長久。由於善辯，常獲勝。

流口水

夢象 夢見流口水。

夢兆 夢見自己，貪杯之象。夢見他人，是來索食。有時還表示精氣不足。

解釋 作夢夢見流口水，可能對美食的渴望，所以說有貪

杯之象。夢見他人流口水，因經常在一起吃喝，所以可能再在一起吃喝，這就像前來索食一樣。

咬人手足

夢象 夢見咬人手足。

夢兆 主交爭之事。

解釋 咬人手足，恨到極點，必然發生爭鬥之事。

牙齒露

夢象 夢見牙齒露。

夢兆 此為爭論之象。搬家、交易、經營諸事均宜忍耐。

解釋 露出牙齒，爭辯太多，所以說是爭訟之象，為了避免爭訟，所以諸事均宜小心忍耐。

齒落更生

夢象 夢見齒落更生。

夢兆 夢此父母平安，晚景榮華。

解釋 齒落更生，父母平安。而自己的晚景也好，像那重生的牙齒一般。

人割去嘴唇

夢象 夢見人割去嘴唇。

夢兆 吉。

解釋 割去嘴唇，不能說話。禍從口出，從此以後可免禍，所以說吉。

舌尖被人咬去

夢象 夢見舌尖被人咬去。

夢兆 禍將至。

解釋 舌尖被人咬去，欲對婦女行強暴之事，所以禍將至。

多一舌

夢象 夢見多一舌。

夢兆 口舌紛紛，爭論連連。

解釋 有一舌已能生口舌，又加一舌，那口舌必然不斷，爭訟將會連連。

無舌

夢象 夢見無舌。

夢兆 心中有數，不與不爭。

解釋 因無舌，所以不能講話，只能

自己心中有數。因不能講話，所以不能與人手。

喉斷又連

夢象 夢見喉斷又連。

夢兆 吉，夢者無中生有，死裡逃生。

解釋 喉斷是斷氣，現在是喉斷又連，這就是無中生有，從死裡逃生。

無左右手

夢象 夢見無左右手。

夢兆 凶，無佐也，做事難，交易難。

解釋 沒有左右手，也就是無人幫助，所以僅靠自己，做事難，交易不成。

手忽小

夢象 夢見手忽小。

夢兆 掌細指尖，百事做得，財旺家成。小生意者夢此有大主顧來。

解釋 掌細指尖，心靈手巧，所以理財治家有成。小生意者能有大主顧來，這是小生意者心靈手巧善做生意。

以刀開心

夢象　夢見以刀開心。

夢兆　諸難解，百憂去。

解釋　以刀開心，諸難百憂所以能全去。

取人心肝

夢象　夢見取人心肝。

夢兆　主得民心信譽。

解釋　把人的心肝都取來了，當然能獲得人們的信任，不然不會把心給你。

斷腸

夢象　夢見斷腸。

夢兆　離鄉背井，骨肉飄零，恩義隔絕。

解釋　懷念親人遠離，資訊不通，心裡十分苦惱，所以就夢見斷腸。

渾身流汗

夢象　夢見渾身流汗。

夢兆　大吉，災禍無，疾病癒。

解釋　出一身汗，小病就好了。災禍也是這樣，只要努力出汗也能消除。

喘息不定

夢象 夢見喘息不定。

夢兆 心神不寧，故夢之。

解釋 因白天心神不寧，心裡煩躁，故夜夢喘息不定。

腎

夢象 夢見自己的腎。

夢兆 可能你的腎有毛病，建議去醫院檢查一下。

解釋 夢是現實的反映，如果腎有病，會在夢中反映出來。

人體

夢象 夢見人體。

夢兆 夢見女人體意味在社會上成功；夢見男人體則意味在商業上的成功。

解釋 女人善於交際，所以說在社會上可以成功。男人善做生意，所以意味在商業上的成功。

牙齒
夢象
夢兆

夢見牙齒。

(1)夢裡出現假牙，顯示困境中你會得到意想不到的幫助。

(2)掉牙顯示你的某種重要關係正在惡化。

(3)牙疼的夢顯示會有家庭爭端。

(4)補牙的夢會給你帶來好消息。

(5)拔牙的夢預示著商業上的轉機或投資機會的來臨。

(6)牙齒鬆動的夢警告你信任了一位不值得信任的朋友。

(7)蛀牙的夢表示你的健康出了問題，請你去看一看醫生。

(8)夢中看到整齊潔白的牙齒，是好的喻示。

(9)夢見刷牙顯示阻止你前進的障礙即將消除。

解釋　(1)假牙的功能代表真牙，缺牙是困境，現在假牙能代替，所以說假牙能使你得到意想不到的幫助。這裡用的是「分析法」。

(2)牙齒與牙齒之間的關係十分重要，是互相依靠

的關係，現在牙掉了，這種重要的關係正在惡化。

(3)牙疼有時是由於生活不愉快，引起火氣大，就發生了牙疼，所以說夢見牙疼顯示家庭有爭端。

(4)把牙補好了，牙與牙之間的關係修復了，這當然是好消息。

(5)把不好的牙拔掉了，對病人來說可能會帶來轉機或機會。

(6)朋友之間的友誼是牢不可破的、堅如磐石的，現在鬆動了，所以這位朋友是不值得信任的。

(7)蛀牙象徵身體某一方面有病，所以要去看一看醫生。

(8)整齊的牙齒是美好的象徵，可以說是「好的喻示」。

(9)把髒的東西刷掉了，所以比喻障礙的消除。

手

夢象　夢見手。

夢兆
(1)夢見骯髒或醜陋的手，是警告你切忌言行不慎而危及名聲。

(2)夢見美麗、潔淨和精

心修飾的手，表示生活安逸。

(3)夢見忙碌、靈巧的手，表示收入豐厚。

(4)招手意味著分離。

(5)撫手意味著摯愛。

(6)血跡斑斑的手是家庭不和的象徵。

(7)一隻手被折斷或失去，告誡你多多注意個人的事。

(8)夢中看見右手表示無憂無慮。看見左手表示苦惱和困難。

解釋 (1)骯髒的或醜陋的手象徵做了不好的事（如小偷的手），所以夢見它是一個警告。

(2)生活安定的人才有閒情逸致去修飾自己的手。

(3)忙忙碌碌而又十分靈巧，那麼收入就可能增多。

(4)招手是告別，所以意味著分離。

(5)撫摸親愛的人的手，當然是摯愛。

(6)夫妻打架，手打得血跡斑斑，所以說是家庭不和的象徵。

(7)一隻手被折斷或失去，表示失去了幫手，只有靠自己來解決個人的事了。

(8)右手強壯有力，威鎮一切，所以無憂無慮。左手軟弱無力，會遇到苦惱和困難。

手指

夢象　夢見手指。

夢兆　(1)夢見自己或別人指指點點，預示你的環境將會完全改變。

(2)纏著紗布的手指，顯示你將輕易地擺脫險境。

(3)受傷的手指，意味著你將自找麻煩。

(4)切斷的手指，示意前途非常的艱辛。

(5)失去手指，示意在錢財方面將有糾紛。

(6)夢見特別長的手指，預示在戀愛方面要翻船。

解釋　(1)自己或別人指指點點，在這樣的環境中待不下去了，所以預示環境將會改變。

(2)纏著紗布的手指即將痊癒，所以預示能輕易地擺脫險境。

(3)受傷的手指頭掉不得，所以意味會碰到麻煩。

(4)切斷的手指，諸事不宜，做什麼都比較艱苦。所以預示前途非常的艱辛。

(5)失去手指就無法控制，失去控制，對商人來說就會有錢財糾紛。

(6)手指特別長，無孔不入，做人太尖刻，戀愛對象受不了，所以要翻船。

手掌

夢象　夢見手掌。

夢兆　如你夢見自己或他人的手掌
時，常會在此後繼承一份遺
產，或收取一份意想不到的
貴重禮物。

解釋　手掌可以掌握財物，手掌也是向人索取東西的。所
以可能繼承遺產或收到禮物。

頭

夢象　夢見頭。

夢兆　(1)夢見你或別人的頭，顯示你事事如意。

(2)如夢見一個與身體脫離的頭，預示將有一個新
的局面出現。

(3)小的、窄的、尖的頭，顯示事倍功半。

(4)大的、寬的、圓的頭，意味著挫折。

(5)腫脹的頭是對自高自大的警告。

(6)夢見自己或別人有幾個頭，意味著地位的上升。

(7)頭痛是告誡你要保守自己的私事，不要輕易向
人吐露。

解釋　(1)頭是一個人的主宰，頭沒有問題，那麼什麼事
都可能做好，是說你可能事事如意。

(2)一個人的頭與身體分離，顯示這個人不可能再活，只有重生才有可能再獲得生命。這就是一個新的起點，所以說預示一個新的局面的出現。

(3)小的、窄的、尖的頭，腦力不足，所以只能事倍功半。

(4)大的、寬的、圓的頭和一般的頭不一樣，不正，所以處理問題出錯的可能性較大，就有可能受到挫折。

(5)腫脹的頭象徵腦袋發燒，自以為了不起，所以是對自高自大的警告。

(6)有幾個頭，象徵著有幾個頭緒，也可說有幾項工作，所以收益多，貢獻大一些，地位就會上升。

(7)已經被私事搞得頭昏腦脹，如果再向別人吐露，那會搞得更頭痛。

獸頭

夢象 夢見獸頭。

夢兆 看見自己或別人長著獸頭，切忌過分貪圖物質和感官的享受，不要一失足成千古恨。

解釋 頭已變成了獸頭，已失去了人的本性，成了野獸，所以，就有可能一失足成千古恨。

頭髮　夢象　夢兆

夢見頭髮。

(1)頭髮濃密，其外觀和狀況使你滿意，顯示健康和滿足。

(2)頭髮稀疏、脫落或有其他不佳症狀，預示將遇到困難。

(3)梳自己的頭，意味著擺脫一個長期折磨人的困境。梳別人的頭，顯示需要朋友的幫助。

(4)為異性梳頭，預言你目前在異性問題上將有一個快樂的結局。

(5)自己理髮或讓別人幫你理髮，表明一次新的冒險將獲得成功。幫別人理髮，是警告你要當心周圍人的嫉妒。

(6)給自己梳辮子，預示將有新朋友；但幫別人梳辮子，卻是一個令人不快的爭論的預兆。

(7)夢見染髮，顯示你的虛榮心正在上升。

解釋　(1)頭髮濃密，表示健康外觀和狀況很滿意，所以顯示健康和滿足。

(2)頭髮稀疏、脫落是身體不健康的表示，而身體不健康，那遇到的困難就很多，所以預示將遇到困難。

(3)梳自己的頭，是把胡亂的頭髮理順，所以，這和擺脫一個困境是一樣的。

(4)能給異性梳頭，表示關係不錯，所以能有一個快樂的結局。

(5)理髮是面目一新，所以象徵一次冒險的成功。

(6)梳辮子是重新安排、重新調整，所以，將有新朋友。而幫別人梳辮子，不一定會使別人滿意，所以是發生爭論的預兆。

(7)染髮是一種打扮，當然是一種虛榮。

皮膚

夢象　夢見皮膚。

夢兆　(1)平滑誘人的皮膚象徵著愛情上的幸福和家庭的美好。

(2)帶有斑點的皮膚象徵著帶有一定程度的心理障礙，並可能影響愛情生活。

(3)脫皮的皮膚象徵著一段不幸的生活，但過後你會建立起新的朋友關係作為補償。

解釋　(1)平滑誘人的皮膚討人喜歡，所以能象徵愛情上

的幸福和家庭的美好。

(2)有斑點的皮膚使人心裡不舒服，就可能形成心理障礙。戀愛的人是不喜歡有斑點的皮膚的，所以可能影響愛情生活。

(3)脫皮是一種痛苦的生活，也是不幸的生活。但由於脫皮的過程很快會結束的，所以好了以後還會交上新朋友。

心

夢象 夢見心。

夢兆 (1)夢見心或心狀架構或物體，象徵愛情的成功。

(2)夢見心臟病突發，或心跳異常，是長壽的標誌。

(3)夢見心絞痛，則預示挫折，但是你也甭擔心，因為你的恐懼和擔憂將會很快消除。

解釋 (1)看到或得到了對方的心，自然預示成功，而在愛情方面，心起著決定的作用，所以象徵愛情的成功。

(2)用反說法解。

(3)心絞痛是不好的，但因為是陣痛，當然很快會消除的。

耳朵

夢象 夢見耳朵。

夢兆　(1)夢見別人的耳朵，你將聽到讓你吃驚的消息。

(2)夢見自己耳朵疼或其他毛病則當心你身邊有小人。

(3)如耳朵非常大，你將得到意外的幫助，如果耳朵非常小，你將會發現一個虛偽的朋友。

(4)夢到自己失去聽覺，預示經濟上有很大收穫；夢到失去聽覺或是聾子，則你眼前的問題將得到圓滿的解決。

解釋　(1)耳朵是用來聽的，從夢裡來說，別人的耳朵也是自己的耳朵，所以能聽到使你吃驚的消息。因為這已是大家知道的消息，而大家知道的消息一般是重要消息，或使人吃驚的消息。

(2)耳朵有毛病，象徵聽覺不靈，聽覺不靈，則好話、壞話分不清，那麼你身邊小人的話也搞不清，所以說要當心你身邊的小人。

(3)耳朵大，比喻聽的方面多，能聽到各方面的消息，所以有可能得到意外的幫助。

(4)耳朵小比喻聽得仔細，所以能發現虛偽的朋友。

肝

夢象 夢見肝。

夢兆 (1)夢見有肝病象徵著環境的改善。

(2)夢見吃、烹調，或用肝款待別人，象徵著健康
狀況的好轉。

解釋 (1)有肝病需加強營養及改善環境。

(2)多吃肝一類的食物，對健康有益，所以象徵健
康狀況的好轉。

肺

夢象 夢見肺。

夢兆 夢見任何形式的上呼吸道疾病，是提醒你去檢查身
體。

眉毛

夢象 夢見眉毛。

夢兆 (1)濃密的眉毛，意味名
利雙收。

(2)彎彎的眉毛，預示使人驚奇的事物。

(3)淡薄的眉毛，預報愛情上的失意。

(4)如果你在夢中擔心你的眉毛，或者夢見你的眉
毛脫落，提醒你可能被愛情欺騙。

(5)如果你在夢裡對自己的眉毛感到滿意，顯示你不久將有小而重要的收穫。

解釋 (1)濃密的眉毛，威嚴、有氣魄，容易獲得人信任，所以說可能名利雙收。

(2)有彎彎眉毛的人，重感情。重感情的人失去理智的控制，任何令人驚奇的事都做得出來。

(3)有淡薄眉毛的人，對人熱情不夠，所以預示愛情上的失意。

(4)在夢裡擔心自己的眉毛不好看，或擔心眉毛脫落，這就是認為自己不漂亮的反映。自己認為不漂亮，其實無關大局，並不影響談戀愛。可是對方卻計較這些，計較外表的美，所以使你夢裡都擔心。因為對方只重外表，不重人品，所以你有可能在愛情上被欺騙。

(5)有好的結果。

腳

夢象 夢見腳。

夢兆 (1)腳癢預示旅行。

(2)洗澡表示解脫。

(3)陌生的腳表示結交新朋友。

(4)穿著襪子的腳預報一件不可思議的事情。

(5)赤腳暗示豔遇。

(6)特別大的腳，說明身體健康。

(7)特別小的腳，預防庸人自擾。

(8)腳上有泡或潰瘍，預示安樂。

(9)大夫治腳，預示好轉。

解釋 (1)腳癢癢地想要出去玩，所以預示旅行。

(2)洗澡洗去了髒東西，十分輕鬆，所以表示解脫。

(3)陌生的腳表示是新的人，也即新的朋友，所以說表示結交新朋友。

(4)穿著襪子看不清腳的真相，所以預示一件不可思議的事情。

(5)不是十分親密的關係不會見到女性的赤腳，所以說將有豔遇。

(6)大腳，人壯實，所以預示健康。

(7)有人有了一雙特別小的腳，十分不安，其實小腳一樣發揮它的作用。為它擔心，確是庸人自擾。

(8)腳上有毛病，不能走動，只好休息。

(9)腳治好，當然是好轉。

大腿

夢象 夢見大腿。

夢兆 坐在異性的大腿上，預示著令人興奮的新的愛情；從某人的腿上滑倒或跌落，象徵著由於愚蠢的行為而導致地位的喪失。

解釋 能坐在異性的大腿上，這種愛情當然令人興奮。從別人的大腿上跌落下來，跌落就是下降，所以預示地位的下降。

氣味

夢象 夢見氣味。

夢兆 令你愉快的氣味是好兆頭，討厭的氣味預示焦慮急躁。

解釋 好的氣味使人愉快，所以是好兆頭。討厭的氣味使人難受，所以會使人焦慮急躁。

雙胞胎

夢象 夢見雙胞胎。

夢兆 夢見雙胞胎顯示你將遇到雙重的麻煩，但在此之後你還將獲得雙重的快樂。

解釋 一個孩子已夠麻煩，現在兩個更是麻煩了。可

是經過這麻煩以後，雙胞胎長大成人，將會帶給你雙重的快樂。

生殖器

夢象　夢見生殖器。

夢兆　這種夢非常明瞭地反映了你對性生活的態度和感覺。夢到自己或他人的性器官健康正常，是愛情生活滿意的標誌。有病的性器官說明你性生活過度或不檢點。暴露性器官顯示你處於性饑餓的邊緣，醫生的忠告對你會有幫助。生殖器疼痛說明你應當找醫生看病。

解釋　性器官健康正常，當然能使愛情生活滿意。有病的性器官是由於性生活過度或不檢點。暴露性器官是一種病，它和器官疼痛一樣，需要去醫院治療。

出汗

夢象　夢見出汗。

夢兆　這個夢提醒你，成功的公式是：天才+出汗。所以別停下來歇著。若要享受成功的獎賞，就得付出辛勤的勞動。

解釋　出汗是辛勤勞動，所以可以獲得成功。

打盹

夢象	夢見打盹。
夢兆	夢見白天打盹是感情和財產的安全象徵。
解釋	白天打盹是一種閒情、享受,不安全是不可能有打盹之事發生的,所以是感情、財產安全的象徵。

左撇子

夢象	夢見左撇子。
夢兆	夢中變成左撇子,暗示你個人生活遇到障礙或遇到了危險的敵手,但如果你本人就是左撇子,則顯示前程美好。
解釋	左撇子在國外被看成是聰明人,現在你只是夢見,所以就可象徵遇到障礙或敵手。自己是左撇子,左、右兩手都能發揮很大作用,所以顯示前程美好。

血

夢象	夢見血。
夢兆	夢裡見血,一段時期裡需與敵對勢力做艱苦的較量。如果你在流血,應避免與朋友或親戚發生任何爭吵。如果輸血,你所遇到的困難將是暫時的。
解釋	有爭鬥才會出血,所以說要與敵對的勢力做艱苦的較量。如自己在流血,心情不好,所以應避免爭吵。如輸血則是暫時的。

血管

夢象　夢見血管。

夢兆　這樣的夢將會給你帶來關於你朋友的不幸消息。

解釋　血管破裂是不幸的，所以會帶來不幸的消息。

肌肉

夢象　夢見肌肉。

夢兆　疼痛的肌肉象徵著感情的障礙。

解釋　肌肉疼痛和感情、情緒有關係，感情
　　　上有障礙，就會影響肌肉的疼痛。如
　　　感情十分融洽，就是肌肉有什麼疼痛
　　　也會感到不怎麼的痛。

肋骨

夢象　夢見肋骨。

夢兆　肋骨疼痛的夢說明你正在欺騙別人。

解釋　夢中的肋骨疼痛，反過來可以解釋為不疼痛，現在
　　　對別人卻說是疼痛，所以說你在欺騙別人。

關節

夢象　夢見關節。

夢兆　夢見自己關節疼痛，預示財富的增長。

解釋　關節疼痛就是不疼痛，不疼痛就是健康，所以更有

精力去創造財富。

動脈

夢象　夢見動脈。

夢兆　如夢見動脈被割破，你將在朋友中享有榮耀。

解釋　見義勇為，被人割斷動脈，所以朋友會尊敬你。

肘部

夢象　夢見肘部。

夢兆　夢見自己在人群中用肘往前擠，預示有大成功；但若是被別人用肘撞到，你正處在失敗的危險當中。夢到自己肘部疼痛，表示你有意想不到的反對勢力。雙肘乾淨漂亮，意味著社交如意。雙肘骯髒，表示因為朋友或親戚而造成麻煩。斷肘是警告你，切忌經營管理不善。

解釋　自己有能力往前擠，所以可達到目的，會獲得成功。別人擠你，你就可能失敗。肘部疼痛是有人弄傷了你，所以預示有人反對你。雙肘乾淨漂亮，人人喜歡，所以社交如意。雙肘骯髒，別人討厭，所以這就是麻煩事。肘斷了，無法用力，也意味著無法經營管理生意。

肚臍

夢象　夢見肚臍。

夢兆　如果夢見自己的肚臍，預示著你馬上要考慮一個新的冒險，這個冒險將給你帶來長久的益處。夢見他人的肚臍，暗示著新的愛情事件。

解釋　肚臍是危險地區，是不能隨便動的，所以預示你在考慮一個新的冒險。如冒險成功，能帶來益處。他人的肚臍是一個秘密，而秘密則屬於愛情方面，所以暗示著新的愛情事件。

尿

夢象　夢見尿。

夢兆　撒尿的夢顯示你將掙脫緊張感和憂慮。

解釋　緊張過度會急出尿來，所以夢見尿是想掙脫緊張和憂慮。

赤腳

夢象　夢見赤腳。

夢兆　夢見自己赤著腳，你必須克服重重困難方能達到目標。

解釋　赤腳是一無所有，條件差，所以必須克服重重困難才能達到目標。

赤身裸體

夢象 夢見自己赤身裸體。

夢兆 如果是你本人，預示著財運或條件的改善；夢見他人赤身裸體，暗示你會坦率地揭露與你密切相關的人的欺騙行為。

解釋 赤身裸體什麼也沒有，反過來解釋就是什麼都有，所以預示財運或條件的改善。赤身裸體，也表示毫無保留，表示清白，所以暗示你會揭露他人的欺騙行為。

禿頭

夢象 夢見禿頭。

夢兆 夢見別人禿頭，需提防向來被你信任的人的欺騙。夢見自己禿頭，則預示你健康上有問題，應做檢查。

解釋 在一般人的心目中，禿頭的人聰明，能言善辯，但也會騙人，所以說要提防。掉髮造成的禿頭是一種病，所以說你健康上有問題。

乳汁

夢象 夢見乳汁。

夢兆 牛奶預示精力充沛，身體健康；羊奶象徵事業昌

盛；母親的奶是最幸運的徵兆，象徵透過個人才智和對生活的認識獲得幸福；酸奶預示著由於個人的愚蠢行為造成的障礙和困境。

解釋　夢見奶都是好的象徵，因為奶能使人生長、成熟。只有夢見酸奶才意味著不好，意味著障礙和困境。

乳頭

夢象　夢見乳頭。

夢兆　夢見成人從乳頭中吸取營養，說明你債臺高築。兒童吮吸則象徵著從焦慮中解脫出來。乳頭很大，預示物質財富增加。

解釋　成人吸奶不正常，是債臺高築、病急亂投醫的象徵。兒童吸吮奶心裡安定了，不焦慮了。大乳頭乳汁多，所以說物質財富增加。

增一足

夢象　夢見自己多出一足。

夢兆　遇見困難之事都能支撐住。

解釋　三隻腳，鼎立之象，屹立不動，所以能支撐一切。

呼吸

夢象　夢見呼吸。

夢兆 如果呼吸正常或舒暢，或深呼吸，意味辛勤勞作的成功和滿意，如果呼吸不正常或呼吸困難，應去看醫生。

解釋 呼吸正常當然是成功和滿意的象徵。呼吸不正常或呼吸困難，就應去看醫生。

神經絞痛

夢象 夢見神經絞痛。

夢兆 夢中神經絞痛，預示著某種形式的感情動亂，儘管打擊很大，但時間很短。

解釋 神經絞痛是由於疾病或刺激引起的，有時也可能是感情激動所致，所以可以說是感情動亂。因感情動亂時間短，所以雖打擊大，問題也不大。

指紋

夢象 夢見指紋。

夢兆 夢見家具或木器上的指紋，預示有小小的經濟損失。

解釋 家具或木器上有小偷的指紋，預示有小的經濟損失。

指甲

夢象 夢見指甲。

夢兆　(1)長指甲，表示情場失意。

(2)短指甲，預示意外的禮物。

(3)擦指甲或上指甲油，切忌意氣用事。

(4)弄壞或弄斷指甲，預示有長時期的不順心。

(5)剪指甲，預言威信的提高。

(6)銼指甲，顯示透過自己的努力而獲得成功。

(7)指甲扎進皮肉，則應去醫院檢查健康情況。

解釋　(1)因為情場失意，連指甲都懶於修剪了。

(2)刻意把指甲剪短，在接受別人禮物時才顯得指
　甲不髒。

(3)擦指甲或上指甲油，不能隨便，不能意氣用
　事，應認真對待。

(4)弄壞或弄斷指甲，指甲不會馬上長好，所以有
　一段時間的不開心、不順心。

(5)剪指甲，是注意自己形象，想提高自己威信。

(6)銼指甲，是自己努力。

(7)指甲不健康，長入皮肉之中，這是有病的象
　徵，所以應去醫院檢查健康情況。

指關節

夢象　夢見指關節。

夢兆　不管夢中的指關節是你自己的還是別人的，都預示

著你正在一個無用的事情上浪費時間和精力。應重
新確認你的目標。

解釋 指關節是小關節，不必爲它多操心。

背部

夢象 夢見背部。

夢兆 (1)如夢見赤裸的背，則當心地位的下降。

(2)如夢見任何人將背對著你，則預示你的同事中
有人嫉妒你，因而給你造成麻煩。如果他（她）
們又轉過來面對著你，則麻煩只是暫時的。

(3)夢見自己的背部，則是不尋常的大好象徵，預
示你所遇到的任何問題都將煙消雲散。

解釋 (1)赤裸的背表示背上沒有責任了，所以要當心地
位上的消失。

(2)以背相向，表示與你關係不友好。如轉過來面
對著你，關係就恢復了正常。

(3)夢見自己的背，即自己能承擔任何壓力，所以
任何問題都能解決。

咽喉

夢象 夢見咽喉。

夢兆 不管你夢見任何一位異性朋友的咽喉，這顯示你必
須格外細心地注意修飾自己的儀表。若你夢見自己

的咽喉在隱約作痛，那你就應該馬上去看醫生。

解釋 咽喉是關係到說話的，而說話是儀表禮儀的重要組成部分，所以告訴你必須注意修飾自己的儀表。咽喉痛，可能有病，所以要去看醫生。

鬍鬚

夢象 夢見鬍鬚。

夢兆 以鬍鬚為特徵的夢是警告你，不要讓小的疼痛變成大的疼痛。

解釋 刮鬍鬚的痛是小痛，但反過來就是大痛。

前額

夢象 夢見前額。

夢兆 夢見平整的前額，意味著你將有一次快樂的戀愛。佈滿皺紋的前額卻是無憂無慮的預兆。

解釋 平整光滑漂亮的前額，叫人看了心情愉快，這和戀愛的感覺一樣，所以意味著你將有一次快樂的戀愛。佈滿皺紋的前額，是佈滿憂傷的表現，但反過來卻是無憂無慮。

頸

夢象　夢見頸。

夢兆　大多有關脖子的夢都象徵即將到來的財運，只有夢見折斷的脖子，是警告你不要錯誤地安排自己的事務。

解釋　折斷脖子當然是錯誤，所以說不要錯誤地安排自己的事務。

腦

夢象　夢見腦。

夢兆　夢見獸腦，將有好消息不期而至。夢見人腦，需多關心你所鍾愛的人。

解釋　獸腦是不容易見到的，所以說將有好消息到來。人腦是動腦筋的，所以叫人要多動腦筋關心親近的人。

高大

夢象　夢見高大。

夢兆　如夢見自己比實際上要高大，你在與異性交往中將獲得成功。如夢見別人變得很高大，你在事業上將難以成功。

解釋　女性喜歡對方高大。別人高大，蓋過你，

使你事業難發展。

骨頭

夢象 夢見骨頭。

夢兆 獸骨預示生意受挫；人骨預示獲得遺產。

解釋 獸骨一般不能做生意。人骨表示人已去世，所以預示獲得遺產。

骨架

夢象 夢見骨架。

夢兆 夢見骨架，預言事情將圓滿成功。

解釋 沒有骨架就不可能成為人，所以預言成功。

骨髓

夢象 夢見骨髓。

夢兆 夢見骨髓可能是由身體健康引起的，檢查身體將使人獲益。

解釋 化驗骨髓可治病。

拳頭

夢象 夢見拳頭。

夢兆 夢裡摩拳擦掌，或緊握雙拳，你在個人生活和生意經營兩方面都將有欣喜的事情。

解釋 摩拳擦掌，緊握雙拳是將要爭鬥的表現，但反過來

卻是有喜事來臨。

頰

夢象　夢見頰。

夢兆　夢見自己雙頰厚實下垂，你將不
得不面對任何一個親戚或同事，
因爲他（她）們要欺凌你。宜寸
步不讓地保護你的權益。

解釋　雙頰厚實下垂是忠厚老實之相，所以別人會欺負
你，對付之法是寸步不讓。

胸部

夢象　夢見胸部。

夢兆　如夢見自己頭枕在別人的胸部，你將結交一位顯貴
的朋友，並保持長久友誼。即使夢見受傷的胸部，
也表示錢運亨通。夢見哺乳小兒，將事事稱心如
意。

解釋　夢見胸部是好事，所以象徵長久友誼、錢運亨通、
稱心如意。

皺紋

夢象　夢見皺紋。

夢兆　這是一種奇異的表示相反意義的信號。它表示你在

社會人群中比以前更受歡迎。

解釋　皺紋多代表社會閱歷長，這是好事，所以你會受人歡迎。

皺眉蹙額

夢象　夢見皺眉蹙額。

夢兆　夢見朋友皺眉蹙額，你將聽到這位朋友令人吃驚的心裡話。夢見陌生人皺眉蹙額，你將結識新朋友。

解釋　皺眉蹙額是在傷心地給你講心裡話，陌生人可以成為新朋友。

臉紅

夢象　夢見臉紅。

夢兆　夢裡臉紅，你將發現一個不講信義的朋友。夢見別人臉紅，則切忌搬弄是非。

解釋　因為做了虧心事，不講信義，所以才臉紅。別人已經臉紅，那你就不能再使他難堪，或搬弄是非。

臉部

夢象　夢見臉部。

夢兆　(1)滿面笑容，意味著你將有新的朋

友。

(2)滿面愁容或怪臉，除非滑稽，則與上相反。

(3)夢見自己正在洗臉，表示你最好能將功補過。

(4)夢見陌生人的臉，預料你可能要遷居。

(5)如果臉部缺陷是你夢裡的主要特徵，你將會遇
到許多可能危及你名譽的事情。

解釋 (1)滿臉笑容，容易結識新朋友。

(2)滿臉愁容或怪臉，使人不敢接近。

(3)洗臉是洗去不好的東西，象徵將功補過。

(4)新居才有新臉。

(5)臉上有缺陷不好，象徵名譽不好。

腳印

夢象 夢見腳印。

夢兆 (1)女人的腳印，預報在一次新的冒險中成功。

(2)男人的腳印，勸你在考慮一項改變時，應加倍
小心。

(3)兒童的腳印，則顯示麻煩正要過去。

(4)夢見你自己的腳印，預言你手頭的事情將獲得
成功。

(5)一片混雜的腳印，意味著你將得到幫助。

解釋 (1)女人膽小，不敢冒險，但反過來可以說敢於冒

　　險，所以預報冒險的成功。

(2)男人粗心，所以要勸你加倍小心。

(3)兒童正在成長，麻煩不可能久留。

(4)由於你踏踏實實的，一步一個腳印，所以你將獲得成功。

(5)大家都來幫助你，所以腳印就雜亂了。

腳步聲

夢象　夢見腳步聲。

夢兆　夢裡聽到腳步聲，你將獲得某種對你極有利的東西。

解釋　聽到腳步聲就是有人來，而來的人是告訴你好消息的。

雀斑

夢象　夢見雀斑。

夢兆　夢見自己臉上長雀斑，或注意到別人有雀斑，是能與異性打成一片的徵兆，無論你年紀多大。

解釋　臉上有雀斑的人生性活潑，善於與人打交道。

唾液

夢象　夢見唾液。

夢兆　夢見狗的唾液，告訴你對朋友和同事的忠誠是毫無必要的。夢見其他動物的唾液，顯示你很快會找到

解決問題的方法，只要多使用你的直覺判斷。

解釋 狗對人是忠誠的，但反過來可說不忠誠，所以夢見狗的唾液可以說忠誠是沒有必要的。唾液能治病，所以象徵找到解決問題的方法。

腺

夢象 夢見腺。

夢兆 夢到腫脹或疼痛的腺，說明你在為不必要的擔憂而消耗精力。

解釋 腺腫脹或疼痛應該去電醫生，而不應該一味擔憂。

腰

夢象 夢見腰。

夢兆 (1)如果你夢見自己的腰，那表示你的經濟來源較好。

(2)如果你夢見別人的腰，那就表示你應該慶賀他賺了錢。

解釋 (1)腰壯才有力量去掙錢。

(2)別人腰壯能賺錢，所以應該慶賀。

腮鬍

夢象 夢見腮鬍。

夢兆 夢見男性長腮鬍是好的徵兆。腮鬍越濃密，你將越

走運。如夢見女人長腮鬍，則切忌任何形式的投機行為。

解釋 西方人認為男人應該有腮鬍，而且越多越好。女人長腮鬍不正常，所以切忌投機行為。

睫毛

夢象 夢見睫毛。

夢兆 (1)美麗的長睫毛，預示情場得意和社交愉快。

(2)若是假的，則意味著你將發現一個可以用來對付對手的秘密。

解釋 (1)美麗的長睫毛，人人喜歡。

(2)用假東西來對付對方。

腹痛

夢象 夢見腹痛。

夢兆 如果你夢見自己腹痛，你將因為有良好的健康和充沛的精力而獲得成功。

解釋 用反說法解釋。

痣

夢象 夢見痣。

夢兆 大的或深顏色的痣是強大的預兆；反之小的或顏色淺的痣是

弱小的預兆；圓形的痣象徵吉祥；長方形的痣象徵
有節制的好運；三角形的痣預示著既有上升又有下
降；有毛的痣象徵著困難。

解釋　大表示強大，小表示弱小。圓形是如意吉祥。長方
形有邊，有節制。三角形到處適用，所以既有上升
又有下降。有毛不祥，所以象徵困難。

膀胱
夢象　夢見膀胱。
夢兆　夢見它，你可能體力衰竭，應去檢查一下。
解釋　膀胱有病。

精力
夢象　夢見精力。
夢兆　如果夢裡有一種精力異常充沛的感覺，則切忌感情
衝動。
解釋　精力充沛，容易感情衝動。

膝蓋
夢象　夢見膝蓋。
夢兆　夢見你的膝蓋發抖暗示你正在考慮一種不正當的聯
繫或者交易。千萬別做！否則你會因之大傷腦筋。
解釋　因為做了不正當的事，才會發抖。

骷髏

夢象　夢見骷髏。

夢兆　(1)夢中出現骷髏顯示你最近將獲得一部分遺產。

　　　　(2)但夢見醫學上使用的骷髏教具或博物館的展示品則不可做如上的解釋，後者預示著將要結識的新朋友。

解釋　(1)骷髏是死人，而死人可能會給你遺產。

　　　　(2)老朋友死了，會結識新朋友。

嘴巴被堵

夢象　夢見嘴巴被堵。

夢兆　預示巨大困難。

解釋　不能呼吸、吃飯，所以困難很大。

凝視

夢象　夢見凝視。

夢兆　如果別人在夢中死盯著你，你將處於一種尷尬的社會地位。但若你盯別人，這就是你對人有所求。

解釋　被人死盯著，當然尷尬。盯著別人就是對人有所求。

臀部

夢象　夢見臀部。

夢兆 (1)夢見自己臀部疼痛或受傷，顯示在你關係密切的圈子裡有欺騙行為，你應該小心謹慎，不可輕信。

(2)夢見異性的臀部是警告你不可輕率。

(3)如夢見你踢別人臀部，你將遇到來自你身邊的嫉妒。

解釋 (1)臀部疼痛或受傷，這是不正常。而不正常就有欺騙在裡面，所以象徵有欺騙行為。

(2)異性臀部只是異性一部分，還要看其他方面，所以愛情不能輕率從事。

(3)踢別人臀部是對人的親熱，所以會引起人們的嫉妒。

三、工農經濟科技類

　　機器、儀器、工農產品、科學、技術、度量衡、經濟、貿易、保險、利潤

水罐

夢象 夢見水罐。

夢兆 夢見從水罐中潑水表示豐裕；夢見一只破了的或打碎的水罐，警告你，你珍貴的友誼面臨危險。

解釋 水能從水罐中潑出來，說明水罐裡的水是充足的，可以解釋為一個人生活上的富裕。同吃一鍋飯，同飲一罐水，這是友誼好的表現。現在罐子破了，就象徵友誼的破裂了。

工廠

夢象 夢見工廠。

夢兆 如果工廠裡十分繁忙，你將在奮鬥之後取得成功。如果你正在這家工廠裡工作，你可以預料到你生活中將出現某個重要而有利的變化。

解釋 在生產興旺的工廠工作，經濟效益好，當然

會對自己有重大的變化。

衛星

夢象　夢見衛星。

夢兆　夢見它顯示，只有你增加個人的獨立意識，別人的意見應該聽，但不能受其左右。

解釋　衛星在天空運行，是獨立自主的，不依賴別人。所以預示你應該增加個人的獨立意識，不應該受別人左右。

水車

夢象　夢見水車。

夢兆　夢中出現中等尺寸的水車象徵著寧靜、幸福的家庭生活；大尺度的水車則象徵透過他人的努力獲得財富。

解釋　水車出現在寧靜的田野，充滿幽雅的風情，所以象徵寧靜、幸福的家庭生活。大水車是為了加工糧食、發電等用，所以說獲得財富。

水壩

夢象　夢見水壩。

夢兆　水湧過水壩，切忌任何衝動之舉，特別是在經營和投資方面，宜重申你的計畫。

解釋　不能像水一樣任意動作，所以要愼重地考慮一切問題，包括投資、經營等方面。

水銀

夢象　夢見水銀。

夢兆　夢見水銀，警告你抵制雜亂的、不正當的性關係。

解釋　水銀潔白透亮，是十分純潔的，而雜亂的、不正當的性關係是不純潔的，所以，警告你抵制之。

水龍皮管

夢象　夢見水龍皮管。

夢兆　夢見一根正在噴水的水龍皮管，表示一件有冒險性的事件發生變化。若是用於澆草地或花園，則表示獲得新朋友或去參加社交的活動機會來臨。

解釋　水龍軟管是爲滅火的，而滅火是冒險行爲，所以預示有冒險的事將發生。澆草地或花園，是爲了做好活動場所，其目的是爲了美化環境，迎接朋友來臨或從事社交活動。

風車

夢象　夢見風車。

夢兆　夢中出現風車，暗示著你千萬別輕信他人。

解釋　風車是靠風力發動的，而風是靠不住的，有時有風，有時無風。所以預示你不要輕信他人。

風箱

夢象　夢見風箱。

夢兆　夢見使用風箱，則一段時間內你得艱苦奮鬥，因為你給自己造成被動局面。若只是看到風箱，則象徵你可能在無意義的事情上花費力氣。

解釋　拉風箱是艱苦的，但不能怪別人，只能怪自己，因為是你自己購買的風箱，所以說是自己給自己造成的被動局面。拉風箱是機械的動作，沒有什麼意義，所以說你在無意義的事情上浪費了力氣。

木偶

夢象　夢見木偶。

夢兆　夢中出現木偶暗示你可能因被外界勢力控制而焦慮，這種焦慮阻礙你在生活中的進步和妨礙了你生活中的樂趣。

解釋　木偶是被人操縱的，所以說有外界勢力控制你，而使你不愉快。

手推車

夢象　夢見手推車。

夢兆　如果在夢中你推著一輛滿載貨物的手推車，你會結
交一個朋友；如果是輛空車，則表示你朋友或熟人
的不幸；翻倒的手推車表示你的負擔加重，但你的
努力會得到報答。

解釋　結交朋友也是財富，所以滿載貨物的手推車象徵結
交了一個朋友。空車表示虛無，表示缺陷，所以表
示不幸。把翻倒的車扶起來，需要加倍努力，但別
人會報答你。

化肥

夢象　夢見化肥。

夢兆　生財有道的象徵。

解釋　化肥是生產糧食的根本，所以象徵生財有道。

千斤頂

夢象　夢見千斤頂。

夢兆　自動或機械千斤頂，預示重擔突然解除或環境發生
意想不到的令人滿意的轉化。

解釋　千斤頂是為了解決重負問題的，所以預示重擔解除
或環境變化。

一團紗線

夢象　夢見一團紗線。

夢兆 (1)如果你夢見絞在一起的一團紗線，那你將有個
使你難受的失望。

(2)如果你夢見的是整整齊齊的一團紗線或一把紗
線的話，那你便可在愛情上有所收穫。

解釋 (1)絞在一起的亂紗，總不能理出頭緒來，只會帶
給人失望，而失望總是叫人難受的。

(2)整齊就是統一和諧，所以象徵愛情上的成功。

打穀

夢象 夢見打穀。

夢兆 若夢見打穀和你親自參加打穀，這將有一個深遠美
好前景。

解釋 打穀將獲豐收，而豐收是美好的，所以預示有美好
的前景。

發明

夢象 夢見發明。

夢兆 夢到新發明或你是
發明人，或遇到發
明人，都意味著你
最熱切的希望或最
大的願望有可能實
現。

解釋 世界上許多重大的發現與發明（如元素週期表）都來自夢中，所以說夢見發明就意味著最大的希望和願望的實現。

發電機

夢象 夢見發電機。

夢兆 說明你正兩頭受累，這時你要善於駕馭自己的力量，免得搞垮了身體。

解釋 發電機一頭受發電能源的控制，一頭又受用電單位的控制，所以說兩頭受累。這時就應該好好加以保護，以免搞垮了發電機。由此喻示身體也應該這樣。

發動機

夢象 夢見發動機。

夢兆 發動機功率越大或轉動越快，那麼你前進道路上的障礙就越多，發動機若停了，那麼你做的某件事情將會成功；儘管困難不少，若是破舊的或壞的發動機，則說明在實現你的目標時，因為狡詐同事的干擾而時常被耽誤。不過，不要擔心，你最終能夠達到目的。

解釋 發動機好的，反而障礙多；發動機停了，反而事情能成功，這都是用反說法來解釋的。發動機壞了，

但最後仍能達到目的，獲得成功，這也是用反說法解釋的。

電

夢象　夢見電。

夢兆　表示因不慎而可能造成生意失利或錢財受損；觸電，預言將突然得到讓你吃驚的消息；接通電源，預言將因過去的努力或善行而獲得意想不到的賞識；切斷電源，說明因體力不支而感到壓抑或信心不足，宜休假或修養身心；突然停電，可能有意外事發生。

解釋　用電不慎，當然會造成失利或受損。觸電當然會讓人吃驚。通電是通行無阻，做得好，由此別人會賞識你。切斷電源是不好的徵兆，所以預示人受到壓抑或信心不足。突然停電就是意外事故。

儀器

夢象　夢見儀器。

夢兆　醫療儀器表示家庭爭吵；其他類型的儀器表示家庭團結。

解釋　醫療儀器是看病的，有病人在家，家庭就容易

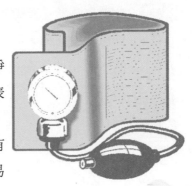

手吵。其他類型儀器是用於事業上，對家庭不易發生矛盾，所以表示家庭團結。

地窖

夢象 夢見地窖。

夢兆 若乾燥、堆滿貨物，則預示商業利潤的增加；若潮濕、空洞，則預示財政困難或生意受挫，但只要應對及時，則能補救。

解釋 地窖能堆滿貨物，做起生意來利潤當然能增加。反之，財政就會困難或做生意受挫，因為沒有貨物去做生意。

自動裝置

夢象 夢見自動裝置。

夢兆 夢見任何自動化裝置，均預示應在個人事務或商務事業中要有獨立性。

解釋 自動化裝置在運轉的過程中，使人喪失了獨立性，任機器去運轉，為了更好地控制自動化裝置，所以個人必須加強獨立性。

機器

夢象 夢見機器。

夢兆 運轉良好的機器象徵你目

前的努力獲得成功。閒置的、被遺棄的機器預示著
你即將來臨的家庭或工作上的問題。

解釋 良好運轉就象徵成功。不好的機器象徵問題。

設計

夢象 夢見設計。

夢兆 看見別人或自己在從事設計，預示你的責任重大，
但沒有任何獎勵。

解釋 設計的責任是大的，但設計還沒有實施，只有實施
了，達到了設計要求，才能有報酬，才能有獎勵。

防護堤

夢象 夢見防護堤。

夢兆 心事與信得過的朋友談談，你將會感到輕鬆一些。

解釋 防護堤把水和田地隔開，象徵你和朋友的不相往
來，有心事也無人談。所以勸你找朋友談談。

農業

夢象 夢見農業。

夢兆 成功、昌盛、富裕之象徵。

解釋 農業是根本。

農場

夢象 夢見農場。

夢兆 夢見一個欣欣向榮、井井有條的農場，預言你生活富足、閒適、身體健康；如果是一個滿目瘡痍、無人管理的農場，意味著錢財上的損失。

解釋 農場好，則好；農場不好，錢財當然會受損失。

收穫

夢象 夢見收穫。

夢兆 若是好收成，你的夢再好不過了，因為它意味著所有你最關心的事情都將成功。若收成不好，則應提防朋友和同事，因為他們正打算算計你。

解釋 好收成表示成功。收成不好，就要找出原因，要防止有人算計你。

擴音器

夢象 夢見擴音器。

夢兆 音量適中，預示心情愉快；如果音量變得讓人生厭，表示你將遇到煩惱。

解釋 音量適中，讓人喜歡，所以心情會愉快。如音量太大，當然會使人討厭。

花生

夢象　夢見花生。

夢兆　不論是鹹的還是帶殼的，夢見花生是個人健康的代表。

解釋　花生又叫長生果，而健康才有長生，所以夢見花生意味著健康。

紡紗

夢象　夢見紡紗。

夢兆　如果你夢見紡紗，顯示不屈不撓的工作態度會使你最終達到目的。

解釋　紡紗需不折不扣的努力才能成功。

穀子

夢象　夢見穀子。

夢兆　穀子是繁榮的象徵。除非它被糟蹋或被燒毀，在這種情況下，是告誡你，如果你想避免苦難，就應多多關心你的經營事務。

解釋　穀子能豐收，所以是繁榮的象徵。如被糟蹋或燒毀這是不祥，會形成苦難，所以你要多關心你的經營事務，才能挽救自己。

麥子

夢象　夢見麥子。

夢兆　成熟的麥子是富足、興旺的象徵；已收穫的麥子表示你目前的努力一定會得到收穫；麥子乾癟，表示存在困難需要克服。

解釋　成熟的麥子豐滿，豐收在望，所以象徵富足、興旺。已收穫的麥子是透過艱苦勞動得到的。乾癟的麥子不好，象徵困難需要克服。

織布

夢象　夢見織布。

夢兆　如果夢見你自己織布，並且進展順利，顯示你精神狀態良好。如果進展不順利，常發生故障，顯示你在現實生活中有困難需要去克服。如果夢見他人在織布，則顯示你目前從事的努力肯定會有結果。

解釋　自己織布很順利，那精神狀態一定良好。理不清線團或機器出毛病，這就是有困難需要克服。他人織布成功，也預示你所從事的事業可成功。

織補

夢象　夢見織補。

夢兆　夢見織補東西，你將能彌補使你悲傷痛苦的裂痕。

夢見別人在織補，或是看到衣服上有補過，切忌亂說閒話，否則將會失去朋友或同事。

解釋 織補東西就是彌補裂痕。別人衣服上有補過，不能亂說和譏笑人家，否則可能會失去朋友或同事。

肥料

夢象 夢見肥料。

夢兆 夢中出現肥料是財富、紅利的象徵，總之，繁榮昌盛。

解釋 肥料能促使莊稼生長，莊稼就是糧食、財富。

採石場

夢象 夢見採石場。

夢兆 要是夢見採石場，你可得加把勁兒工作，一鼓作氣才能成功。

解釋 採石場工作不加把勁兒是不行的。

實驗室

夢象 夢見實驗室。

夢兆 涉及實驗室的夢象徵著一個成功的冒險。

解釋 實驗室裡的工作是非常冒險的工作，但大部分實驗室是能獲得成功的。

吸塵器

夢象　夢見吸塵器。

夢兆　夢見使用吸塵器，意味著你將在某件事情上取得成功。

解釋　吸塵器如果沒有壞，那一定可吸塵成功的。

種子

夢象　夢見種子。

夢兆　對目前的工作不能有過高的期望。

解釋　這是因為有些種子並不會發芽、生根、結果。

指南針

夢象　夢見指南針。

夢兆　將在一段時間裡，家庭、事業兩方面都不稱心，除非指針指北，則經過上述這段時間之後，成功即臨。

解釋　這是用反說法解釋的。

泵

夢象 夢見泵。

夢兆
(1)如果夢見清水從泵裡自由流出，預示你的努力得到人們認可和獎賞。

(2)如果夢見濁水或污水從泵中流出，預示你對現行計畫不太滿意。

(3)夢見一個凍結的泵，預示你艱苦的努力只能得到適中的報酬。但是你如果成功地啓動凍結的泵，你可能有暫時的好運。

(4)夢見油泵，預示你最終擁有大量的財富。

(5)夢見氣泵或者腳踏泵，預示你必須依靠自己的努力解決目前的問題和困難。

解釋
(1)清水當然會得到人們的讚揚。

(2)濁水、污水雖是水，比泵不通水強多了。但還是使人們不滿意。

(3)凍結的泵不容易使它啓動，所以雖努力，成效不大，報酬也比較少。反之，則有好運。

(4)油泵出油不斷，所以預示你擁有大量財富。

(5)氣泵、腳踏泵都需自己用力才能啓動，所以說目前面臨的問題和困難靠自己努力才能解決。

保險絲

夢象　夢見保險絲。

夢兆　夢裡出現有毛病的或被燒毀的保險絲，預示你把時間和精力浪費在一個毫無結果的事情上。

解釋　保險絲是保證電力正常供應的，現在壞了，無用了，這預示你在一件無用的事情上浪費了精力和時間。

玻璃

夢象　夢見玻璃。

夢兆　(1)潔淨的玻璃製品象徵著好運。

(2)骯髒的玻璃製品顯示家庭麻煩或與人爭吵。

(3)破碎的玻璃是條件得到改變的象徵。

(4)把一片新玻璃安進窗戶，象徵著滿足。

(5)擦玻璃窗是對自滿情緒和過分自信的警告。

(6)如果夢到雕花玻璃，預示著收入的增加。

解釋　(1)清潔象徵著好，所以說象徵好運。

(2)骯髒象徵著壞，所以可能會發生家庭麻煩或與人爭吵。

(3)破碎的反面是完整，所以說困難的條件得到了改變。

(4)新玻璃安進窗戶，滿足了要求。

(5)擦玻璃窗並不是一件什麼了不起的大事，所以不值得自滿和過分自信。

(6)雕花玻璃比一般玻璃貴，所以預示收入的增長。

鋼材

夢象 夢見鋼材。

夢兆 建設性地使用鋼材的夢象徵著永恆的友誼和愛情，但破壞性地使用它，如使用它做武器等，那是警告有人傷害你。

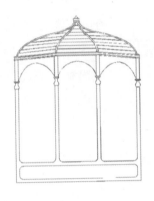

解釋 鋼材堅固永恆，所以象徵永恆的友誼和愛情。武器是用來傷害人的。

砂輪

夢象 夢見砂輪。

夢兆 啟動砂輪，是提醒你，你在生活中和工作中必須密切注意詳情細節，才能獲得成功。

解釋 啟動砂輪磨東西，一定要密切注意，才能把要磨的東西磨好。

顯微鏡

夢象 夢見顯微鏡。

夢兆 夢見使用顯微鏡預示著突然發現一種新的才能或技藝；夢見打破顯微鏡或已破碎了的顯微鏡，預示著你的正直在一個想不到的方面承受考驗。

解釋 顯微鏡是把一種看不見的新的東西顯現出來，所以說突然發現一種新的才能或技藝。自己打碎顯微鏡是不是勇於承認，這是對你正直品格的考驗。

耙

夢象 夢見耙。

夢兆 工作艱辛，但也值得。

解釋 耙地是很艱苦的農活。

鉛

夢象 夢見鉛。

夢兆 夢中出現鉛是不愉快的信號，顯示家庭爭吵、愛情上失意或在事業上不順利。不要匆忙做任何事！

解釋 鉛是灰色的、沉重的，所以象徵一切不順利。

柴

夢象　夢見柴。

夢兆　劈柴或砍柴，顯示家境好轉；撿柴、背柴、運柴，
　　　預言交際場上的成功。

解釋　柴與財同音，所以顯示家境的好轉。撿財、背財、
　　　運財；有財交際，所以預示交際場上的成功。

鐵砧

夢象　夢見鐵砧。

夢兆　任何與鐵砧有關的東西出現在夢裡，皆暗示鴻運。

解釋　因為鐵砧能鍛鍊任何有用的物件。

鐵鏽

夢象　夢見鐵鏽。

夢兆　由於你周密的計畫，尤其是對細節的關注，你會取
　　　得意想不到的利益。

解釋　去鐵鏽是細緻的工作，象徵著你周密的計畫以及對
　　　細節部分的關注，因為細緻，所以獲利匪淺。

陶瓷

夢象　夢見陶瓷。

夢兆　預示家庭生活幸福美滿；若裂開或打碎，將可能有
　　　一個不怎麼稱心的事發生。

解釋 陶瓷美觀大方，所以象徵家庭生活幸福美滿。若陶瓷打碎了，當然是不稱心。

稱重量

夢象 夢見稱重量。

夢兆 不管是你自己稱體重還是給其他物件稱重量，這個夢都表示你正受到可以影響你前途的人的考驗。因此你應該小心不要給人留下壞印象。

解釋 稱重量就是考察物體的一種方式，所以說有人在考察你。

起重機

夢象 夢見起重機。

夢兆 夢中自己在操縱起重機，預示工作進步或職務升遷；起重機折斷，預示危險。

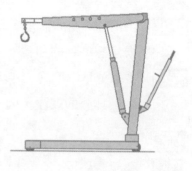

解釋 起重機是起重上升的，所以預示工作進步或職務升遷。起重機折斷，當然危險。

諾貝爾獎金

夢象　夢見諾貝爾獎金。

夢兆　如果夢見你贏得了這種盛名，警告你，力戒驕傲，並要牢記「驕兵必敗」。如果夢中你慶賀朋友或親屬得到諾貝爾獎金，預示著快樂的家庭消息。

解釋　得了諾貝爾獎，當然應力戒驕傲。得了諾貝爾獎，得獎者的家庭會快樂幸福，所以預示你的家庭快樂幸福。

鋁

夢象　夢見鋁。

夢兆　若明亮光潔，則預示你將稱心如意；若暗淡無比，則有可能受到意想不到的挫折。

解釋　明亮光潔是好的徵兆，所以預示你稱心如意。若暗淡無光是不好的徵兆，所以將受挫折。

黃銅

夢象　夢見黃銅。

夢兆　與新近認識的人打交道時，宜小心謹慎，應明辨是非。

解釋　黃銅可以和黃金相混淆，所以應明辨是非。

鍘刀

夢象 夢見鍘刀。

夢兆 (1)夢到死刑鍘刀，說明你將失去一位重要朋友。

(2)夢到鍘刀則是警告你，如果你想避免丟人的損失，就必須更加勤奮地履行你的職責。

解釋 (1)鍘刀是一刀兩斷，比喻你失去了一位重要的朋友。

(2)不認真工作，就會在工作上出差錯，從而帶來不必要的損失。

梯子

夢象 夢見梯子。

夢兆 雖然關於梯子的夢都遵循「上則好，下則糟」這樣一個原則，但是夢的意義也根據其他因素、細節和行動加以補充。例如：

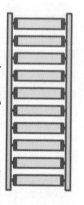

(1)夢中你爬一個很高的梯子並達到頂端，預示你將取得很大的成就。

(2)而矮一些的梯子預示著較小的成功。

(3)如果你站在一節斷梯上，暗示你不能實現你的抱負。

(4)梯子傾倒顯示令人失望。

(5)如果梯子落在你身上，預示著由爭吵或由惡意的誹謗引起的麻煩。

(6)如果你從梯子上跌下，警告你所要求的比你能達到的多。

(7)如果你看見一個梯子斷裂或倒下，你得準備與在你道路上出現的意想不到的障礙做抗爭。

(8)夢見搬梯子，預示你將搭救一位親屬或一位好朋友。

(9)夢見運用繩梯，顯示在一些活動或者是不尋常的事業冒險中取得成功。

(10)夢見在梯子上感到頭暈是提醒你，驕傲使人落後。

(11)透過梯子進入一座房屋或其他建築，預示你努力的方向錯了。

解釋
(1)升得越高，成就越大。

(2)升得不太高，只是小成功。

(3)在斷梯上不能上升，當然抱負不能實現。

(4)梯子倒了，根本不能做什麼，所以只能是失望。

(5)梯子落在身上當然會引起麻煩。

(6)從反說法說，跌下反而好。

(7)梯子斷裂或倒下，象徵困難。

(8)搬梯子是爲了救人，因那個人困在房子裡出不來。

(9)一般不輕易使用繩梯，只有在冒險時才用。

(10)頭暈就是有問題。

(11)走入屋內應從大門走，現在從梯子進去，進門的方向錯了。

銑床

夢象 夢見銑床。

夢兆 象徵環境的改善。

解釋 使毛坯煥然一新，所以象徵環境的改善。

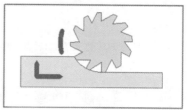

鑽頭

夢象 夢見鑽頭。

夢兆 夢中使用任何鑽頭，越使勁，就越不該把時間和精力浪費在毫無意義的事情上。

解釋 鑽頭表示鑽勁，就不應用在無意義的事情上。

銅器

夢象 夢見銅器。

夢兆 成功來得不如你期望的那麼快。也許應做些調整。

| 解釋 | 製作銅器並不那麼容易和快速。 |

推進器

| 夢象 | 夢見推進器。 |

| 夢兆 | 假如你在夢中夢見推進器處於良好狀態，這種夢表示你的事業將有飛速發展。假如你夢見推進器損壞或你失去了推進器，這種夢警告你，你的疏忽或無動於衷將使別人有乘之機。 |

| 解釋 | 推進器好，事業有發展，推進器不好，就無法前進，別人乘這個機會就會趕上或超越你（有可乘之機）。 |

銼刀

| 夢象 | 夢見銼刀。 |

| 夢兆 | 夢見銼木頭，切忌容易產生誤會的行動，它將引起滿城風雨。夢見銼金屬，則意味著和解。 |

| 解釋 | 銼刀不是銼木頭的，這是誤解挫刀的作用，所以會引起誤會。銼金屬，把不合適的銼去，所以象徵和解。 |

鋤頭

| 夢象 | 夢見鋤頭。 |

| 夢兆 | 夢見鋤頭和鋤地，顯示前途有改觀。 |

解釋 鋤頭用來鋤地，這是改變地的面貌，所以說前途有改觀。

鑿子

夢象 夢見鑿子。

夢兆 夢見用鑿子，預示你能夠得到你想要的東西，但也得之不易。

解釋 鑿子能把要鑿的東西鑿好，所以能得到你想要的東西，因為鑿得很慢，所以得之不易。

棉花

夢象 夢見棉花。

夢兆 採摘棉花，或看見棉花長在地裡，是晚年榮華的象徵。藥棉或經處理過的棉花，預示有不速之客。

解釋 棉樹長出棉花，說明棉枝已成熟，棉花潔白誘人，所以說明晚年榮華。處理過的棉花（包括藥棉）已不是原來的棉花，所以預示有不速之客來。

溫度計

夢象 夢見溫度計。

夢兆 如果你夢中有溫度計出現，請你格外小心近期內的不測風雲。

| |解釋| 不測風雲引起溫度的高低，所以才需要溫度計測
定。

| |零件|

| |夢象| 夢見零件。

| |夢兆| 夢裡出現任何一種細小的零件，預示著你將遇到非
常複雜的問題。

| |解釋| 小零件是比較複雜的。

| |蓄水池|

| |夢象| 夢見蓄水池。

| |夢兆| (1)若水滿，意味大成
功；若半池，意味小
成功；若沒水，意味
不勞不獲。

(2)如果夢見自己掉進蓄水池，做事宜三思而行。

| |解釋| (1)水滿、半滿、沒水都是一種象徵。
(2)掉進蓄水池，是因為不三思而行。

| |糧倉|

| |夢象| 夢見糧倉。

| |夢兆| 若糧倉堅固而且充實，則為幸運的象徵；若是廢棄
不用，或空空蕩蕩的，則不宜冒險投機。

解釋 糧倉堅固充實，當然是好，是幸福的象徵。若不用，空蕩則不好，做冒險投機取巧更不行。

黑色大理石

夢象 夢見黑色大理石。

夢兆 象徵著壞消息。

解釋 黑色不吉。

大理石

夢象 夢見大理石。

夢兆 不管是採石場還是建築上的大理石，或者是其他的形式，總之，大理石暗示愛的波折和個人的失意。

解釋 在國外大理石一般用於墓碑的建築方面，所以暗示愛的波折和個人的失意。

工程

夢象 夢見工程。

夢兆 無論是土木、電力、機械、化工工程還是其他工程，只要你夢到這種工程，或夢到工程技術人員在工作，你都有許多偶然的運氣。

解釋 只要你夢到工程，就意味著你白天想參與這些

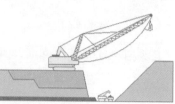

工程。如果你有幸參與這些工程了，那麼當然會給
你帶來好運氣，這種運氣當然只能是偶然的。

木材

夢象　夢見木材。

夢兆　夢見鋸原木，意味著家
庭條件的改善。看見木
材堆，或林中倒地的樹木，顯示你現在最關心的事
情順心如願。筏木預示著一個不該錯過的良機。熊
熊燃燒的圓木象徵家庭歡樂。坐在圓木上是個不滿
足的含意。圓木小屋象徵辛勤勞動換來的舒適安
逸。

解釋　堆放整齊的木料是管理好的表現，管理好會增長財
富。亂扔木料，是管理不好的表現，所以對自身利
益會有損害。

木排

夢象　夢見木排。

夢兆　夢見乘上漂浮的木排顯示你的收穫將落入別人手
中；夢見建築或修理一個木排，預示著透過個人努
力你將取得成就。

解釋　乘上漂浮的木排，身不由己，所以預示你的收穫將
落入別人手中。自己建造或修理木排，這是靠自己

努力，所以可以得到成功。

車轍

夢象　夢見車轍。

夢兆　彎彎曲曲的車轍，預示出現了新問題；若是直的，預示前面有艱苦的工作。

解釋　彎彎曲曲是不順利，所以會出現問題。轍是直的，反過來預示有艱苦的工作出現。

水泥

夢象　夢見水泥。

夢兆　無論用在磚、石、紙、塑膠、瓷器或其他東西上，意味著地位和收入的提高。

解釋　凡是使用水泥的地方，都可以創造財富，所以意味著地位或收入的提高。

菠菜

夢象　夢見菠菜。

夢兆　(1)如果你夢見吃菠菜，此夢顯示你在生活上將幸福健康。

(2)如果你發現菠菜裡有砂土，味道有些酸苦，這預示你和你的朋友或家人發生口角。

解釋　(1)菠菜人人喜歡吃，營養豐富，所以說生活幸福。

(2)因為不合口味，就會發生爭吵。

|煤油|

|夢象| 夢見煤油。

|夢兆| 在你的夢中出現這種燃料的氣味或者用途，暗示著
在一段煩惱的日子之後，你沉醉於一種新的興趣。

|解釋| 煤油氣味難聞，所以象徵煩惱的日子，但煤油燃燒
後產生的動力比較大，所以象徵一種新的興趣。

|模子|

|夢象| 夢見模子。

|夢兆| 不論是食品、金屬、塑膠、陶瓷，還是你擁有的其
他的東西，夢見有型的模子
象徵著財政條件的改善。

|解釋| 有模子就可以對各種生產品
加以改善，也可以節約開
支，所以說象徵財政條件的
改善。

|錘子|

|夢象| 夢見錘子。

|夢兆| 聽到錘聲或看到錘子是一個好夢。
如夢見自己使用錘子，顯示將取得
令人滿意的成就。

解釋 因為錘子能敲擊一切,使它成形。

孵卵器

夢象 夢見孵卵器。

夢兆 夢見孵卵器顯示你的擔憂是多餘的。

解釋 孵卵器一定能孵卵成功,所以你的擔憂是多餘的。

磁體

夢象 夢見磁體。

夢兆 磁體的引力表示性慾旺盛並且深受異性歡迎。

解釋 因為磁體有吸引力。

箍

夢象 夢見箍。

夢兆 不管夢見什麼箍都是好夢,預示你的希望可以實現。

解釋 把目標箍了起來,肯定可以成功,所以是好夢。

鎬

夢象 夢見鎬。

夢兆 這種尖頭工具,象徵著艱苦的工作。

解釋 鎬就是用來進行艱苦勞動的。

蔬菜

夢象 夢見蔬菜。

夢兆 (1)吃蔬菜預示著一段起落不定的生活。

(2)種菜顯示幸福的家庭生活近在眼前。

(3)如果夢中的蔬菜爛了，你在現實中會有失望之
事。

解釋 (1)蔬菜各個季節不同，所以預示起落不定的生活。

(2)種菜是一種樂趣，以後還會有收益，所以顯示
幸福的家庭生活近在眼前。

(3)蔬菜爛了，不是好事，所以表示失望。

橡膠

夢象 夢見橡膠。

夢兆 夢見橡膠或其製品顯示你將掙脫煩惱。

解釋 橡膠耐用，所以能解除不耐用的煩惱。

籃子

夢象 夢見籃子。

夢兆 如果籃子裡盛滿東西，你將有許多機遇，如果籃子
是空的或壞的，你可能因粗心大意而遭受損失。

解釋 盛滿東西表示多，所以表示有許多機遇。空的壞的
籃子，表示不好，所以預示失敗。

磨

夢象　夢見磨。

夢兆　磨穀物、麥子、可可、咖啡等任何食物，都意味著由於精明節儉，物質財富將增長；磨石頭或其他堅硬的東西，預示著辛勤勞動，但所得有限。

解釋　各種穀物磨好了，就是增長財富，磨石頭等硬物，當然艱苦。

鞭子

夢象　夢見鞭子。

夢兆　你若作夢鞭打動物，則顯示你的道德觀中有非正義的因素。設法彌補或忘掉它。

解釋　用鞭子打動物是不道德的。

韁繩

夢象　夢見韁繩。

夢兆　如夢見你給馬套上韁繩，你將接受一項你不情願的任務。

解釋 給馬套韁繩就是帶有強制性，所以說你可能接受一項你不情願的任務。

廣告

夢象 夢見廣告。

夢兆 如夢見你在看別人做廣告，就避免某些冒險的計畫。若是你自己在做廣告，預示著你的計畫將要實現。

解釋 看別人做廣告，要當心上當受騙，因為假廣告較多。所以，你照著廣告中的話去做，那你的行動就是冒險了。你自己做廣告，說明自己的產品已有成功的把握，所以預示你的計畫將要實現。

市場

夢象 夢見市場。

夢兆 如果市場整潔，秩序良好，你正在買東西或者交易正在進行，預示著富裕與繁榮；如果食品腐爛、質量低劣或者市場空空蕩蕩甚至無人看管，預示著由於坐失良機而導致的艱難歲月。

解釋 市場好、興旺，就是富裕和繁榮。如果市場不好、

不景氣，就是說錯過了機會，日子很不好過。

討價還價

夢象　夢見討價還價。

夢兆　應忌人云亦云，毫無主見。

解釋　討價還價不是跟著對方走，而應有主見，不然會吃虧。

舊貨

夢象　夢見舊貨。

夢兆　在商店或別的地方，任何給你以舊貨的感覺的東西，預示你很快要面臨一個艱難的選擇，千萬不要自作主張，應聽取好意的建議。

解釋　舊貨是不好的象徵，所以將面臨困難。為了解決這一困難，就應多聽取別人的意見。

代理商

夢象　夢見代理商。

夢兆　如夢見與一代理商談判，則預示你在工作環境上將有好的轉變。

解釋　與代理商談判生意，如獲得成功，那麼將會換來工

作環境上的變換。

商務性會談

夢象 夢見商務性會談。

夢兆 預示將給你帶來有實利
的好消息。

解釋 會談有成功的希望，所以會帶來好消息。

合同

夢象 夢見簽合同。

夢兆 夢見自己簽署合同，你即將獲得提升。

解釋 簽署合同，取得較好的經濟效益，發揮你的才智，
所以你將被提升。

仲裁

夢象 夢見仲裁。

夢兆 如果仲裁的是你的事，你將得
到你所想要得到的東西。

解釋 因為仲裁而獲勝，給你的印象很深刻，在夢中都忘
不了。

協議書

夢象 夢見協議書。

夢兆 若夢見與協議書有關的事，當

心你目前正進行的計畫有可能受挫。如夢中你在協議書上簽字，要當心經濟上可能受損。

解釋　協議書雖簽了，但不一定能眞正成功，有時可能受挫，有時還可能遇上假協議而上當受騙。

交換

夢象　夢見交換。

夢兆　夢見交換東西，表示生意不景氣。

解釋　貨物賣不出去，只有交換了，所以顯示生意不景氣。

利潤

夢象　夢見利潤。

夢兆　如果你夢見自己獲得利潤，這就警告你必須謹愼，在將來的幾個星期，不要向外人透露你從事的工作。

解釋　獲得利潤後必須謹愼，不能外露，以防不測。

利息

夢象　夢見利息。

夢兆　付利息，是警告你別奢侈；得利息，是預示生活將有變化。

解釋　付利息是因爲借了錢，所以要節約不能奢侈。得利

息則有收入，所以生活會有變化。

撫恤金

夢象 夢見撫恤金。

夢兆 如你是受者，則提防因行為放肆而造成麻煩。如你是授者，你將在眼前利益中走運。

解釋 撫恤金來之不易，要珍惜，不能由於浪費而帶來不快或煩惱。給人撫恤金是富足的表現，所以說能走運。

抽彩

夢象 夢見抽彩。

夢兆 夢見抽彩或獎券，預示家庭困難。

解釋 抽不到獎，家庭會更困難。

炒股

夢象 夢見炒股。

夢兆 如果你不小心，則可能有人會坐享你的成果。

解釋 炒股就是投機取巧，就是坐享別人的成果。不是你坐享，就是別人坐享。你不小心虧了本，別人卻可賺錢。

帳單

夢象 夢見帳單。

夢兆　如夢裡收到帳單，或擔心付不了帳，你將在經濟上
走鴻運；如果你付了，你最好趕緊與慷慨大方的朋
友或親戚取得聯繫，因為你馬上需要他們提供經濟
援助。

解釋　付不了帳，反過來就會在經濟上走運。付了帳，反
過來就是經濟困難，需別人幫助。

房地產

夢象　夢見房地產。

夢兆　夢中有關房地產的活動，如買
進、出賣或轉讓，都預示著財

富的增長，也許是由於遺產帶來的。

解釋　房地產一般來說會逐年增長，所以預示財富的增
長。

抵押品

夢象　夢見抵押品。

夢兆　(1)如果你夢見贖回抵押品，你可能面
對想不到的財源枯竭。

(2)如夢見一個抵押品取消贖回權，象
徵著你財運中斷。

(3)提供或得到任何種類的抵押品，預示著從焦慮

中解脫出來。

 解釋 (1)和(2)可用反說法解釋。

(3)能提供或得到抵押品，那借不到錢的焦慮就解
除了。

所得稅

夢象 夢見所得稅。

夢兆 因失去一筆期待已久的報酬而懊悔，或者無力幫助
一位朋友，個中情況都有可能與稅款有關。

解釋 因為稅繳得太多。

非法交易

夢象 夢見非法交易。

夢兆 夢裡出現任何一種非法交易，宜重
新審視你正要邁入的險徑，好好
想想，然後做點別的事情。

解釋 違法交易是危險的事。

拍賣

夢象 夢見拍賣。

夢兆 可能你所信任的一位熟人正打算占你便宜，應該提
防。

解釋 拍賣是賣別人的東西，而拍賣經紀人總是有利可

圖，總會佔便宜的，所以預示有人想占你的便宜。

經紀人

夢象 夢見經紀人。

夢兆 夢見無論什麼樣的經
紀人，切忌投機心
理。

解釋 經紀人靠信譽，如充
滿投機心理，是辦
不好事情的。

信箋

夢象 夢見信箋。

夢兆 如果你在夢中看到了信箋，此夢則預示著你個人財
富的增加，或者你將得官方的支持。

解釋 信箋是談生意的，所以預示你個人財富的增加。信
箋如是官方的證明，所以可說得到了官方的支持。

信用卡

夢象 夢見信用卡。

夢兆 夢見使用自己的信用卡，當
心家裡人或較親近的人對你
不太忠實而給你捅漏子。

解釋 使用自己的信用卡是好事，但如家裡人或較親近的人使用就有可能出問題。

契約

夢象 夢見契約。

夢兆 (1)無論夢見訂契約還是一份已訂好的契約，切忌在錢財和個人關係上投機冒險。

　　(2)但是，如果你拒絕訂立或是取消一份未訂的契約，你則能按計畫行事。

解釋 (1)訂契約當然要實事求是不能冒險。

　　(2)是按反說法來解釋的。

津貼

夢象 夢見津貼。

夢兆 如果你得到的津貼來歷清白（如從父母、監護人、公司等），預示生活安定。如你給別人津貼，或你得到的津貼來路不明，則當心家庭糾紛。

解釋 津貼來路清白，不會出現什麼問題，所以預示生活安穩。反之，來源不明，則必然有糾紛。

保險

夢象 夢見保險。

夢兆 領取賠款，你可能不得不對付一樁麻煩的事。若是

人保，你可以確信你未來的計畫是正確的。

解釋　索賠是比較麻煩的事，所以說你不得不對付一樁麻煩的事。投保是有保障的事，所以可以確信你未來的計畫是正確的。

逃債

夢象　夢見逃債。

夢兆　作此夢，應警惕有人背信忘義。

解釋　逃債就是背信忘義。

破

夢象　夢見破產。

夢兆　夢見你自己破產，你將獲成功。夢見別人破產，則提醒你在生意上應光明正大，並應避開那些不乾不淨的人。

解釋　破產的反面是成功。別人破產，告誡你不要與那些不乾不淨的人住來而避免引起自己破產。

租契

夢象　夢見租契。

夢兆　夢中出現租契，對你所關心的事是一個好的預兆。

解釋　租契是租賃成功以後才會出現，所以這是個好兆

頭。

調查表

夢象　夢見調查表。

夢兆　要是你積了一大堆計畫中的事不去做，你就會在夢中見到一份長長的調查表。

解釋　只說不做，只空想不實踐，所以在作夢時會出現空洞的調查表。

競爭

夢象　夢見競爭。

夢兆　在夢裡競爭越成功，則你前進道路上的險阻將越大。

解釋　越是競爭，對手越多，險阻就越大。

清點

夢象　夢見清點。

夢兆　點錢預報收入的增長；但清點別的東西，則意味著責任超負荷，宜儘量減輕。

解釋　有收入才清點錢。清點其他東西，或是移交東西，所以以後有一定的責任。

盈利

夢象 夢見盈利。

夢兆 夢中的盈利越大，則越應該保護你的財力；如果這盈利是透過不正當的手段獲得的，則預言你經營有方、生意興隆，或者是失而復得。

解釋 這都是用反說法來解釋的。

商業

夢象 夢見商業。

夢兆 夢見經商，將有一段時期的不順心，你將可能與敵對情緒、不忠行為、競爭對手抗爭。夢見商務文件，將擺脫不利處境。

解釋 經商就是不斷與對情緒、不忠行為、競爭對手做抗爭，所以是順心與不順心的交替，所以說將有一段時期的不順心。商務檔上已簽訂的合同等，表示生意已成定局，所以可擺脫不利處境。

商店

夢象 夢見商店。

夢兆 賣東西的夢預示著你會有些

經濟上的困難，但只要你節制一些就能克服困難。在商店工作之夢會給你帶來財運。

解釋 買東西沒有錢，所以預示經濟上有些困難。商店是賺錢的地方，所以會給你帶來財運。

銀行

夢象 夢見銀行。

夢兆 (1)空無一人的銀行，預示損失。

(2)付款的出納員，則提醒你在商務方面不要大意。

(3)如果你自己在銀行裡存錢或取錢，你將會遇好運。

解釋 (1)無人存款，當然是損失。

(2)付款的出納員絕不能大意。

(3)經常在銀行裡存錢、領錢，當然有錢，所以可說遇到財運。

贖金

夢象 夢見贖金。

夢兆 無論夢見怎麼的行為，如果夢裡以贖回為主要特點，你可能會得到一筆意想不到、相當可觀的錢。

解釋 有錢才能去贖回東西，所以預示會

得到錢財。

硬幣

夢象 夢見硬幣。

夢兆 硬幣越少，面額越小，你的收穫就越大。

解釋 用反說法解釋。

自動取款機

夢象 夢見取款機。

夢兆 不要想發意外之財，那是不可能的。

解釋 有些人想利用自動取款機可以透支的特點進行投機、發意外之財，那是不可能的。

鐮刀

夢象 夢見鐮刀。

夢兆 這個夢顯示你將遇上一位不愉快的合作者。

解釋 鐮刀會割破人的手腳，所以是不愉快的合作者。

鐳

夢象 夢見鐳。

夢兆 夢見鐳，顯示無限制的財富。如果夢見被鐳灼傷，這就警告你在未來的幾個月中要避免參與各式各樣

的冒險行為。

解釋　善於利用鐳，它就是寶貴的財富。被鐳灼傷是不當
心，所以要避免各種冒險行為。

鐵匠鋪

夢象　夢見鐵匠鋪。

夢兆　(1)夢見鐵匠在鋪子裡工作，預言你的目的將穩步
　　　　實現。

　　　　(2)冷清的鋪子，卻意味著失望。

　　　　(3)如果夢裡的主要特徵是鍛鍊時發出的火花，你
　　　　將有家庭爭論，或與情人吵架。別發火。

解釋　(1)只要堅持下去，目的一定能實現。

　　　　(2)沒有生意，當然失望。

　　　　(3)進發就是衝突、壓力，所以象徵爭論、吵架。

電腦

夢象　夢見電腦。

夢兆　你所遇到的煩惱即將結
　　　　束。

解釋　因為電腦能解決你所不能
　　　　解決的問題，而這些問題
　　　　經常引起你的煩惱。

錄影機

夢象　夢見錄影機。

夢兆　它會帶給你幸福。

解釋　錄影機放的電視、電影片子會給你享受和滿足，所以可以帶給你幸福。

照相機

夢象　夢見照相機。

夢兆　對朋友要忠實。

解釋　因為照相機照下的畫面都是真實可靠的。

放影機

夢象　夢見放影機。

夢兆　當心，你的戀人將會離開你而去。

解釋　因為放影機的有些內容對你的戀人是一種諷刺，刺傷你戀人的心。

顯示器

夢象　夢見顯示器。

夢兆　要努力學習才能取得更大的成績。

解釋　顯示器是為了顯示你所不懂的東西，這就是一種學習。

卡拉OK

夢象　夢見卡拉OK。

夢兆　交友要愼重。

解釋　在卡拉OK廳人員複雜，有好人也有壞人，所以說
交友要愼重。

計算機

夢象　夢見計算機。

夢兆　做人要糊塗一點好。

解釋　計算機計算數字清清楚楚，但反
過來卻是糊塗。所以預示糊塗。

鼓風機

夢象　夢見鼓風機。

夢兆　預示你只有依靠自己的力量才能克服目前的困難。

解釋　鼓風機就是依靠自己的力量——鼓風。才能得到人
們所喜愛的。

吊扇

夢象　夢見吊扇。

夢兆　你要處處謹愼小心，當心禍從天降。

解釋　因爲吊扇有隨時掉下來的危險。

電扇

夢象　夢見電扇。

夢兆　夢見自己吹電扇，你會失去朋友。夢見別人吹電扇，人家會喜歡你。

解釋　因爲你只顧自己吹電扇，即只顧自己享受，而不顧別人，所以朋友會離開你。反之，夢見別人吹電扇，是把好處讓給別人，所以大家會喜歡你。

空調器

夢象　夢見空調器。

夢兆　告誡你不要只顧享受而不珍惜自己的身體。

解釋　空調器給人享受、享樂，但不注意會得空調病，所以說要珍惜自己身體。

抽油煙機

夢象　夢見抽油煙機。

夢兆　夢見抽油煙機家庭會不和。

解釋　抽油煙機抽油煙使家中空氣新鮮，也即家庭和睦。但新鮮的反面是空氣混濁，而混濁就是不好，所以會家庭不和。

洗衣機

夢象　夢見洗衣機。

夢兆 洗衣機正常運轉，象徵愛情幸福。洗衣機壞了，要
更體貼對方，不然就有破裂的危險。

解釋 正常運轉可以使對方省去不少洗衣服的時間及精
力，增進了家庭的幸福，所以說愛情幸福。洗衣機
壞了，需要用手洗，所以要體貼對方。

直銷店

夢象 夢見直銷店。

夢兆 自己開直銷店，表示你和朋友的關係較好。進直銷
店購買東西，要改掉出手闊綽的毛病。

解釋 是你的好朋友幫助你開直銷店的。直銷店的價格較
便宜，會精打細算的人才會去直銷店購物。而精打
細算的反面是出手闊綽，所以可以預示你要改掉出
手闊綽的毛病。

連鎖店

夢象 夢見連鎖店。

夢兆 喻示你不要把手伸得太長，而貪得無厭。

解釋 連鎖店關係很久很長，所以預示你不要把手伸得太
長。

銀行

夢象 夢見銀行。

夢兆 夢見自己在銀行工作，預示你經濟將陷入困境。夢見去銀行存款、提款，你的收入將會增加。

解釋 銀行有許多錢，但並不屬於你，所以，有錢反過來是沒有錢，因此預示你經濟將陷入困境。能經常去銀行存款或提款，說明你收入增加才能做到這一點。

四、日用百貨服裝類

百貨、衣服、日用品

大衣

夢象 夢見大衣。

夢兆 新大衣意味著生意不利，破舊大衣則意味著財運享通。

解釋 新大衣表示生疏，所以生意不利；破舊大衣表示經驗豐富，所以財運享通。

女裝

夢象 夢見女裝。

夢兆 夢到自己有或見到新的漂亮女裝，預示社交方面很如意。鑲有花邊的女裝，意味著將會有豔遇。

解釋 漂亮的女裝，人人喜歡，穿上漂亮的女裝去參加社交活動，所以預示社交方面的如意。鑲有花邊的女裝，是婦女穿的衣服，所以可能會有豔遇。

手套

夢象 夢見手套。

夢兆 (1)戴著手套，象徵著感情上有一種保障。

(2)嶄新的手套意味著經濟上的保障。

(3)遺失手套你將得不到你所期望的幫助。

(4)尋找手套則預示著獲得幫助。

(5)油漬斑斑的破舊手套是失望的象徵，但這些失望只是暫時的。

(6)防護手套或長手套與愛情有關，如果它完好無損，你的愛情也將幸福美滿。

解釋 (1)戴著手套是把手保護起來，不受侵犯。而事情也應這樣，所以象徵感情上有一種保障。

(2)有錢買新手套，說明經濟條件還可以。

(3)手套遺失了，本來打算用它來保暖的，或作防護的，現在這個期望不能達到了，所以說將得不到期望的幫助。

(4)手套遺失了，現在又找到了，這當然預示著意外的收穫，亦即幫助。

(5)又破又髒的手套，令人失望，所以是失望的象徵。但這只是暫時的，因為可以換新的好手套。

(6)防護手套或長手套都是保護手的，而手在愛情

中起著十分重要的作用，所以它與愛情有關。

手帕

夢象 夢見手帕。

夢兆 (1)夢見骯髒或血跡斑斑的手帕，暗示著爭吵。

(2)破手帕表示你的處境不佳。

(3)遺失手帕，表示一個關係的破裂。

(4)得到手帕表示你得到一件使你驚喜的禮物。

(5)用手帕擦臉或擦額頭，預示責任減輕。

(6)揮動手帕，象徵新的朋友關係的進展。

解釋 (1)骯髒的手帕說明你無心洗它，血跡斑斑的手帕，一般是擦流血的血跡的，這有可能是吵架和打架引起的，所以暗示著爭吵。

(2)破手帕又沒有能力更換，所以說你處境不佳，特別是經濟能力差。

(3)遺失手帕是掉了東西，而掉東西一般是心情不好的表現，這可能是和別人發生矛盾有關，所以可能表示一個關係的破裂。

(4)收到手帕就是收到禮物，如果是異性朋友送的，那當然驚喜不已。

(5)用手帕擦額頭，一般是虛驚一場的表現，可以不擔任何責任了，所以預示責任的減輕。

(6)揮動手帕告別，表示親熱，而對老朋友不需這
樣，所以說象徵新的朋友關係有進展。

皮帶

夢象　夢見皮帶。

夢兆　繫著或繫上皮帶，表示
希望改變環境。若看到
或解下皮帶，則表示你正需要安全上的保障。

解釋　繫著或繫上皮帶，是想做事的意思，所以表示改變
環境。

繫上皮帶進行安全操作，現在卻把皮帶解下來了，
所以說安全上缺少保障。

絲綢

夢象　夢見絲綢。

夢兆　顯示你的生活所需均能滿足，甚至還能享受適當的
奢侈。

解釋　能穿上絲綢，生活肯定比較好一些，所
以顯示你的生活所需能滿足，甚至還能
享受適當的奢侈。

尼龍

夢象　夢見尼龍。

夢兆 這個夢提醒你，不要被事物的表面現象所迷惑，要透過現象看本質。

解釋 尼龍在表現上是很好看的，但質量上是化學合成物，有它一定的弱點，所以說不能被現象所迷惑，應看到事物的本質。

包裹

夢象 夢見包裹。

夢兆 在夢裡仔細地將某物包裝起來，表示滿意地結束了這一段時間內從事的工作。

郵寄或接到一件包裹，常常是告訴你在不久的將來會調換一個生活環境。

解釋 工作告一段落，必須整理、總結一下，這就像仔細地把某物包起來一樣。

花邊

夢象 夢見花邊。

夢兆 夢見花邊或者帶花邊的衣服不好看，現在透過做了花邊，解決了這個問題，所以能帶來好處。

解釋 帶花邊的窗簾一般是比

較華貴的，是為佈置新房而做的。現在距離結婚的日子已過去很久了，不應再迷戀過去，所以說不能總停留在過去的歡樂上。

紙花邊並不好，因為它不牢固，所以不能自以為是好的。

圍巾

夢象 夢見圍巾。

夢兆 鮮亮色的圍巾出現在夢裡是歡樂的愛情的象徵。

解釋 鮮亮的顏色是歡樂的象徵，圍巾給人溫暖，是情意綿綿的象徵，所以它們是愛情的象徵。

花環

夢象 夢見花環。

夢兆 夢見自己戴著花環，預示你將反敗為勝。接過花環，顯示你正在步步接近你的目標。遞過花環，提醒你謹防不講道德的朋友。

解釋 花環是勝利的象徵，只有在失敗之後重新獲勝，為了慶祝才需戴花環，所以預言你將反敗為勝。

花環是獲得成功，每一次接近花環是向目標邁進一步，所以說正步步接近你的目標。

把花環即光榮遞給朋友，使朋友成功。使他成功了，他卻把你拋棄，這是不道德的行為，所以說，

要謹防不講道德的朋友。

披巾

夢象　夢見披巾。

夢兆　頭上戴著披巾，顯示戀愛稱心如意。

披巾在肩上顯示將帶來一些小麻煩。

解釋　披著頭巾去見戀人，又嫵媚又動人，戀人十分喜歡，所以說戀愛稱心如意。

披巾在肩上經常會落下來，或者被別的東西絆住了，這是些小麻煩，所以說將帶來一些小麻煩。

制服

夢象　夢見制服。

夢兆　男人穿制服，顯示地位會有上升的趨勢。對女人來說，此夢意味著愛情和家庭的幸福。

解釋　穿制服上班，嚴守紀律，會得到公司的喜歡，所以地位可能會上升。女人穿制服去上班，是有了工作，有了工作就有獨立性，經濟地位、家庭地位也就提高了，這樣就為愛情和家庭幸福創造了條件。

飾針

夢象　夢見飾針。

夢兆　(1)夢見飾針預示輕微的惱怒，像家庭糾紛、受到傲慢的傷害、或小小的失望等。

(2)夢見飾針掉落的聲音是滿意的預示。

(3)往衣服上別飾針，預示將會在社交方面處於尷尬境地。

(4)夢見吞下飾針，預示粗心大意會給你帶來不愉快，但一個幸運的機會將拯救你。

(5)撿到一枚飾針，表示就你現在的興趣而言，會遇到某種好運。

解釋　(1)飾針刺了你，使你惱怒，但並不嚴重的。

(2)飾針掉落了應該不高興，但從反面來解釋，所以說是滿意的表示。

(3)飾針有好有差，如果在社交場合上遇到比你好的飾針，而你的相形失色，那麼就使你處於尷尬的地步了。

(4)吞下飾針是粗心大意，當然會帶來不愉快。但飾針後來排出來了或取出來了，這就是一個拯救。

(5)撿到一枚喜歡的飾針，你對它很感興趣，這對

你也許是一種好運，所以說會遇到某一種好運。

襯衫

夢象　夢見襯衫。

夢兆　乾淨的襯衫是好的象徵。污泥沾染的襯衫預告有一段情緒低沉的日子。

解釋　乾淨的襯衫當然是好的象徵。襯衫沾上了污泥卻不肯洗，說明情緒十分低落。

拖鞋

夢象　夢見拖鞋。

夢兆　舒適的拖鞋象徵著滿足。不舒適的拖鞋的確是一個問題，需要加以解決，所以預示你將遇到新的問題。

解釋　視穿著是否舒適而定。

面具

夢象　夢見面具。

夢兆　夢見別人戴著面具，預示意想不到的欺騙。如果你自己帶著面具，預示最終你將從別人對你的欺騙中獲益。

解釋 面具都是假的，所以暗示想不到的欺騙。自己也帶上了面具，以對付別人的欺騙，這是一種策略，所以預示獲益。

面紗

夢象 夢見面紗。

夢兆 夢見面紗預示著你被捲入或意欲參與某類活動。

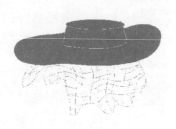

夢見撕破面紗，預示著某一陰謀或秘密被強行公開化。

若你在夢中看見了新娘戴面紗，你希望時來運轉。

若你夢到遺失面紗，預示著你將忍受由於某些不檢點行為所導致的尷尬局面。

解釋 戴面紗是一種活動，所以預示你被捲入或參與某類活動。

面紗撕破了，其面目暴露了出來，所以某一陰謀或秘密被強行公開化。

做新娘是一生的轉捩點，結了婚可能幸福無窮，所以預示時來運轉。

拿掉面紗，真相暴露，某些不檢點的行為也暴露了出來，所以使自己出現了難堪的局面。

領帶

夢象　夢見領帶。

夢兆　夢見繫領帶困難，象徵你為感情糾紛憂鬱，而你要理智斬斷它。

解釋　繫領帶感到困難，這是思想不集中、感情上有紛擾造成的，所以說象徵你為感情糾紛而憂鬱。

裙子

夢象　夢見裙子。

夢兆　夢見短的、緊的裙子，你生活上會發生經濟困難。大而寬鬆的裙子說明你將要添置新家具。

解釋　短是短缺，緊是緊迫，所以說生活上有經濟困難。大而寬鬆是富裕的表現，而裙子要放在家具中，所以說將要添置新家具。

毛巾

夢象　夢見毛巾。

夢兆　這要看是什麼種類的。乾乾淨淨的棉紗毛巾，象徵著身心健康與物質的豐富。濕的或者滿是泥土的毛

巾，預示著你將備受挫折。

解釋 乾淨的東西象徵身心健康和物質文明。骯髒的東西是不順利、受挫折的結果。

長袍

夢象 夢見長袍。

夢兆 意味著所取得的成就比預期的要小。

解釋 長袍的長就是大，但大反過來解釋可以說是小的，所以說取得的成績比預期的要小。

勺子

夢象 夢見勺子。

夢兆 夢見用一種公用勺子喝東西，當心家庭或個人事務上出亂子；無論是什麼事，切忌到處亂說，否則你會後悔的。

解釋 公用勺子是不能用來喝東西的，就像公筷一樣。如果喝了，那就亂了套，所以可以預示當心家庭或個人事務上出亂子。用公用勺子喝東西，是沒有管好自己的嘴巴，所以說話時可能會亂說。

花手帕

夢象	夢見花手帕。
夢兆	如果你自己有這種花手帕，則工作艱苦，並伴有不少麻煩。如看見在別人身上，家裡則有喜訊。
解釋	花手帕是好的，但反過來說，從好能變成壞，所以有花手帕，則可說明工作艱苦，又有煩惱。有時手帕可作信物，所以家裡會有喜訊傳來。

售物

夢象	夢見售物。
夢兆	會增加收入。
解釋	夢見出售自己的物品，則你可能會增加收入。

禮帽

夢象	夢見禮帽。

夢兆	嶄新的禮帽象徵好運氣。略小的禮帽預示失望。超大的禮帽預示窘迫。歪戴或拿在手裡，意味著蒙受恥辱。禮帽遺失或被風吹跑，暗示手頭拮据。破舊、骯髒的禮帽顯示生意蕭條。做工考究的禮帽，喻示社會知名度增加。
解釋	新象徵著好，所以嶄新的禮帽象徵好運氣。略小的

禮帽不合適戴，所以叫失望。帽子歪戴或拿在手上，這是不文明、不禮貌的表現，如受人指責，則會受辱。禮帽遺失了，被風吹跑了，沒錢再買，這就顯示暗示手頭拮据。破舊、骯髒的禮帽無力更換好一點的，顯示生意不好，收入不高，所以才會這樣。做工考究的禮帽是紳士戴的，紳士有一定的知名度，所以喻示知名度增加。

亞麻布

夢象　夢見亞麻布。

夢兆　夢見亞麻布意味收入增加。

解釋　亞麻布售價高，所以意味收入增加。

羊毛製品

夢象　夢見羊毛製品。

夢兆　意味安全。

解釋　比較貴重，收藏較好，所以意味著安全。

天鵝絨

夢象　夢見天鵝絨。

夢兆　天鵝絨預示情場得意。

解釋　天鵝絨充滿引誘力，所以預示情場得意。

絲織品

夢象 夢見絲織品。

夢兆 絲織品預示社會生活愉快。

解釋 絲織品穿著輕柔飄逸，有愉快感，所以可預示生活愉快。

布袋

夢象 夢見布袋。

夢兆 滿滿的布袋，象徵好運將臨。空蕩蕩的布袋，象徵著有障礙急待排除。

解釋 滿滿的布袋是好事，所以可以象徵好運來臨。空的布袋，所以空，是因為沒東西放或所要放的不合適，有了一定的障礙，所以象徵有待排除。

絲帶

夢象 夢見絲帶。

夢兆 一般說來，絲帶總是和愛情生活有關，警告你在戀愛關係上不要太隨便，不要越軌。

解釋 過去絲帶是用來掛送給戀人的信物的，如玉片、香袋之類的東西的，所以說絲帶總是和愛情有關。因為絲帶太柔軟，不牢固，所以警告在戀愛關係上不要太隨便。

絲線

夢象 夢見絲線。

夢兆 夢裡玩弄或看到繡花絲線，則要當心不忠不義的熟人傳出流言蜚語。

解釋 繡花線是爲了繡花的，把繡好的東西送人，就可能會引起人們的議論，容易傳播流言蜚語。

別針

夢象 夢見別針。

夢兆 一個極好的象徵。成功就在你現有行進的道路前頭。

解釋 別針是爲了不掉落東西的，不掉落東西就是成功地保住了東西，所以可以象徵成功就在前頭。

老鼠夾

夢象 夢見老鼠夾。

夢兆 夢見用老鼠夾把老鼠逮住是環境將有所改善的象徵。夢見安裝老鼠夾顯示你會突然掙脫煩惱。

解釋 把老鼠逮住了，環境就會有所改善。安裝老鼠夾就會擺脫老鼠困擾的煩惱。

衣服

夢象 夢見衣服。

夢兆 衣服越多，則面臨的困難越大。如果你全身赤裸或只穿了一點衣服，將有錢運。破舊或骯髒的衣服，提醒你注意朋友中有人有可能會破壞你的事。衣服緊身，不合

體，或者反穿，則應注意在性生活方面出問題。

解釋 衣服越多，花費越大。全身赤裸，或只穿一點衣服，是個窮光蛋，必然會努力去勞動、去掙錢，所以說將有錢運。破舊、骯髒衣服，表示不好。有些朋友只重衣衫不重人，可能說你壞話，做出對你不利的事。衣服不合體、反穿，都表示不祥，所以可能會出什麼問題。

羽絨

夢象 夢見羽絨。

夢兆 羽絨是名利雙收的象徵。裝飾羽絨或羽絨製品，對於女性，預示社會知名度的提高；對於男性，預示權勢的增大。夢見打掃或收集羽絨，預示你一生中將有許多歡樂。

| 解釋 | 羽絨美麗、潔白，給人溫暖，價值又高，所以夢見羽絨什麼都好。 |

燈籠

夢象	夢見燈籠。
夢兆	夢見懸掛的燈籠會有好事降臨。夢見燈籠被風吹滅，你可能會吃上官司。
解釋	掛燈籠是好事，所以說會有好事降臨。夢見燈籠被風吹熄，是不好的徵兆，所以可能會吃上官司。

掃帚

夢象	夢見掃帚。
夢兆	若是新的，你將有好運；若又髒又爛，你做事得小心；如果你用掃帚打人，將有大好的變化。
解釋	新的表示好，所以將有好運；掃帚又髒又爛，不能用了，如一定要用，那麼一定要小心才是：打人是不好的，但反過來就是好，所以將有大好的變化。

傘

| 夢象 | 夢見傘。 |
| 夢兆 | 這是安全的象徵。但如果夢中的傘破裂，表示成功尚在一定距離之 |

外。

解釋 傘可以遮陽、擋雨，所以說是安全的象徵。傘破裂
不能用了，離成功就還有一段距離了。

雜貨
夢象 夢見雜貨。
夢兆 買雜貨是繁榮的象徵。
解釋 貨多當然是繁榮。

紀念品
夢象 夢見紀念品。
夢兆 在夢中給人紀念品，是一
個好消息。但如果你夢見
得到一個紀念品，這是告誡你不要讓一個普通的家
庭爭論升級到一場嚴重的爭吵，不要固執。
解釋 因為自己或家庭有了值得紀念的事，才給別人紀念
品，所以是一個好消息。得到一個紀念品，這紀念
品可能會引起家庭矛盾，所以要克制自己。

吉祥物
夢象 夢見吉祥物。
夢兆 如果你夢見任何吉祥物，可以期待事情發生突然變
化，使你的事業良性循環。

| 解釋 | 吉祥物是吉祥的象徵，所以你的事業會出現良性循環。 |

圍裙

夢象	夢見圍裙。
夢兆	預示你將有物質上的收益或處境方面的好轉。
解釋	圍裙是一種保護、保障，所以預示收益或好處。

尿布

夢象	夢見尿布。
夢兆	對於男性，意味著在工作或職務上的責任加重；對於女性，意味著將與丈夫或未婚夫或朋友有短暫分離。
解釋	有了孩子才會有尿布，所以對男性來說責任加重了。因為女性生孩子，只能與異性暫時分離。

吸管

夢象	夢見吸管。
夢兆	象徵令人激動的新事情將會發生。
解釋	吸管吸的是新東西，所以象徵令人激動的新事情將要發生。

運動

| 夢象 | 夢見運動。 |

夢兆 如果夢中的運動順利向前，象徵在你前進的道路上克服困難。如果運動遇到麻煩，不令人滿意或無法完成，你可能面臨一個選擇，要麼緊縮，要麼重新開始。

解釋 順利前進，當然可以克服困難。遇到麻煩，當然要重新選擇，重新開始。

補丁

夢象 夢見補丁。

夢兆 夢中夢見一件有補丁的衣服，其象徵與貧窮相反，預示你家境殷實。

解釋 穿補丁的衣服是家中貧困，但從反面來說，卻預示殷實富裕。

時裝

夢象 夢見時裝。

夢兆 看到商店櫥窗裡的、雜誌上的、模特兒身上的時裝，顯示你整天工作而毫無娛樂。

解釋 一心用在工作上，所以沒有時間去考慮穿著、去玩樂。

錶

夢象 夢見錶。

夢兆 夢見手錶表示在你得力的朋友的幫助
下得到了收穫。但夢見懷錶則表示你
以前對自己利益的被侵害過於忍讓。

解釋 手錶幫你掌握時間，它好像你的朋友
一樣幫助你，使你獲得成功。懷錶是
一般保守的人用的，而保守的人在自
己利益被侵害時會過於忍讓。

枕頭

夢象 夢見枕頭。

夢兆 枕頭被沾上油或被弄皺，那麼你會因為自己的魯莽
舉止而遇到麻煩。

解釋 因為自己魯莽才把枕頭弄髒的。

購買

夢象 夢見購買。

夢兆 夢見亂買東西，則應節約用錢。夢見有選擇地買東
西，則有錢運。

解釋 亂買東西，就應節約用錢。有選擇地買東西，可省
錢，所以有錢運。

按鈕

夢象 夢見按鈕。

夢兆 夢中出現任何按鈕預示一個非常驚奇的事件將發生。

解釋 摁按鈕的結果都會使人驚奇，如按門鈴，按後鈴聲會大作；按電鈕，原子彈會爆炸等等，所以預示有一個非常驚奇的事情發生。

服飾

夢象 夢見服飾。

夢兆 你的服飾越時髦越華麗，你遇到問題就越麻煩。如果一身窮酸、襤褸，或衣不蔽體，則是好的象徵。

解釋 都可以用反說法來解釋。

放大鏡

夢象 夢見放大鏡。

夢兆 夢中使用放大鏡預示著物質財富的增加或者是突發橫財。

解釋 放大鏡是增大倍數，所以預示財富增加，發橫財。

刮鬍刀

夢象 夢見刮鬍刀。

夢兆 (1)如果用老式鈍的剃頭刀刮鬍子，此夢警告你要控制自己的脾氣或熱情，不然，你要準備好接受因不能自制帶來的後果。

(2)如果剃頭刀鋒利閃亮（或你正磨刀），此夢預示你將具有化繁爲簡、單刀直入的能力，能很快處理棘手的事務，並得到他人的承認。

(3)如果你的手或其他部位被剃刀割破，這是告訴你爭取所需，必須和反對的勢力做一番拼鬥。

(4)用剃刀打鬥的場面顯示你將介入一項強制性的、耗費時間的行動中去。

(5)但夢中出現安全的刮鬍刀或剃鬚刀顯示由於你組織能力的運用，你將取得某種成就。

解釋 (1)鈍刀子不能刮鬍子，而你不聽勸告一定要刮，那就是自己不能控制自己，因此產生的後果只能自己負責了。

(2)剃刀鋒利閃亮，快刀能斬亂麻，棘手的事務很快能處理好。

(3)用剃刀打鬥是被迫的，但剃刀一時殺不死人，所以費時間。

(5)安全刮鬍刀或剃鬚刀表示安全，說明你有能力取得成就。

軟木塞

夢象 夢見軟木塞。

夢兆 夢見拔起軟塞子，意味著好消息；塞軟木塞，預示個人問題忽然得到解決。

解釋 能把軟木塞拔起來，這當然是好消息。塞軟木塞，不漏水，完美了，所以象徵個人問題的解決。

奇裝異服

夢象 夢見穿奇裝異服。

夢兆 夢見穿著或看到奇裝異服，則你的生活中將出現令你驚訝的轉變。

解釋 穿奇裝異服是經濟條件很好，或當時裝模特兒。當時裝模特兒的收入很高，所以生活中將出現令你驚訝的轉變。

鈕扣

夢象 夢見鈕扣。

夢兆 如夢見鈕扣掉了，你將有不順心的事發生。

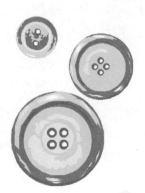

解釋 鈕扣雖小，但不能掉了，掉了鈕扣對穿衣來講是不順利，所以可說有不順利的

事情發生。

鞭炮

夢象　夢見鞭炮。

夢兆　無論你看到、聽到燃放鞭炮，都預示不快和沮喪。

解釋　本來是愉快的、振奮的，但反過來，卻是不快和沮喪。

墊子

夢象　夢見墊子。

夢兆　夢見的墊子越多，你得計畫開支，除非墊子破舊，則有小進益。

解釋　墊子購買多了，是浪費，所以得計畫開支。墊子破舊，說明能節約，所以說有小進益。

繡花

夢象　夢見繡花。

夢兆　夢見自己在繡花，預示個人的生活幸福和滿足；夢見別人在繡花，或看到衣物、布料或其他家用品上的繡花，顯示你將在生活上受騙上當。

Fashion Forecast

解釋 自己繡花是自己在編織美好的東西，所以預言個人生活幸福和滿足。看見別人繡花，觀看別人的，而對你可能是一種假相，是欺騙你的東西。

煙斗

夢象 夢見煙斗。

夢兆 夢見煙斗預示你有能力負擔起你的責任，解決自己的問題；夢見任何一種煙斗都帶這種徵兆；若是煙斗損壞，則表示你將與一位重要朋友分開。

解釋 自己有能力供給自己抽煙，所以預示你有能力解決自己的問題。煙斗損壞，不能用了，只能與煙斗分開。煙斗好似你的一位重要朋友，所以說你將和一位重要朋友分開。

領子

夢象 夢見領子。

夢兆 領子乾淨，情場得意；骯髒或破舊，你可能欺騙對方或被對方欺騙。

解釋 領子乾淨，討對方喜歡，所以說情場得意。領子骯髒或破舊，你就要編個理由去騙對方，所以說你可

能受騙或騙人。

梳子

夢象　夢見梳子。

夢兆　(1)夢見自己梳頭，暗示你應採取行動，解決一些
　　　棘手的問題。

　　　(2)夢見別人梳頭，則是說，你太輕信了。

解釋　有些頭髮是難梳的，所以暗示夢見自己梳頭需解決
　　　一些棘手的問題。別人梳頭，你以為容易，這是你
　　　輕信的結果。

被子

夢象　夢見被子。

夢兆　夢見豪華的被子顯示你的財富將擴大，如果那被子
　　　是用布塊拼製而成，你將享受家庭生活的快樂。

解釋　豪華被子是有錢的表示，被子用布塊拼製而成，這
　　　是勤儉節制的表現，這也是使
　　　家庭快樂的一種方式。

鉸鏈

夢象　夢見鉸鏈。

夢兆　生銹的鉸鏈預示在家庭或私事上
　　　遇到困難。

解釋　生銹的鉸鏈不好，所以預示困難。

火柴

夢象　夢見火柴。

夢兆　象徵你的收入將增加。

解釋　「柴」和「財」同音，所以象徵收入的增長。

手電筒

夢象　夢見手電筒。

夢兆　夢見此物，你要切忌感情用事。

解釋　手電筒在黑夜中橫衝直撞，不能控制自己，而這正
　　　是感情用事人的特點，所以切忌感情用事。

手提包

夢象　夢見手提包。

夢兆　(1)如夢見你遺失了手提包，表示你將遇到障礙。

　　　(2)你夢見撿到一只手提包，空的象徵贏利，滿的
　　　　預示損失。

　　　(3)自己或別人打開手提包
　　　　來回翻找，表示你生活
　　　　中新的門路將要敞開。

解釋　(1)手提包是放東西的，現
　　　　在遺失了，所以十分不

方便，會遇到障礙。

(2)有些夢要反解，所以空的反而贏利，滿的倒預示損失。

(3)翻手提包是生活中尋找東西的反映。如果作夢者是一個走投無路的人，這時可能預示他找到新的出路。

毛線

夢象　夢見毛線。

夢兆　(1)夢見將毛線繞個球，預示著你將獲得新朋友，也可象徵家庭快樂。

(2)夢見毛線衣，說明你十分無聊。

解釋　(1)繞毛線球是逐步擴大的，像交朋友一樣逐步擴大，所以說將獲得新朋友。繞毛線是一種興趣，所以象徵家庭快樂。

(2)打毛線衣，對一般人來說是閒暇時才打，所以說十分無聊。

尺

夢象　夢見尺。

夢兆　夢見自己用尺量物，顯示會由於周密的計算和組織能力使事情取得成功。

解釋 用尺的人是比較會精打細算、周密計畫的人，所以做其他的事情也可能成功。

化妝品

夢象 夢見化妝品。

夢兆 對於女性夢見使用或購買化妝品，乃是大好象徵。男性購買化妝品則當心名譽受損而影響事業。

解釋 男、女性購買使用各自的化妝品，把自己打扮得更漂亮，這是大好事。男性給戀人送化妝品當然意味著愛情美滿。若男性使用女性化妝品，那就不正常，自然會影響不好，對自己不利。

叉子

夢象 夢見叉子。

夢兆 餐叉，表示從煩惱中解脫，又預示社交上稱心如意。夢見自己用叉子戳人或物，或者某人某物被叉子刺中，預示你的地位將遭損失。

解釋 餐叉是用來用餐的，吃飽喝足之後煩惱就可以解除了，所以此夢表示社交上的稱心如意。而用叉子刺或戳東西，都是違法的事，所以預示地位將遭到損失。

線

夢象 夢見線。

夢兆 (1)纏線的夢顯示你將得知一個很尷尬的事情的內幕。

(2)要是你從衣服上將線挑出，這夢在警告你不要傳播小道消息。

解釋 (1)纏線越纏越短，像一件事情，越追問下去越清楚一樣。如果一件不十分光彩的事情，那麼最後總會使你十分尷尬。

(2)挑線不是正道，所以說不要傳播小道消息。

杯子

夢象 夢見杯子。

夢兆 夢見杯子是財富增大的象徵。但空杯預示受挫。

解釋 住杯子中倒水，象徵財富像水一樣增長。空杯預示受挫。

肥皂

夢象 夢見肥皂。

夢兆 (1)夢中出現香噴噴的肥皂，它會給你帶來有關愛情的心理滿足。

(2)肥皂或洗衣粉提示你在競爭中會拿出些幹勁，這樣才可取得預想的成果。

解釋 (1)香皂散發香氣是和婦女有關，所以說會給你帶來有關愛情的心理滿足。

(2)用肥皂或洗衣粉洗衣服，如不用洗衣機洗則要用手用力洗，這樣才能把衣服洗乾淨，所以說要拿出些幹勁。

爐子

夢象 夢見爐子。

夢兆 (1)沒點火的爐子，表示一筆成功的金錢交易。

(2)熱火朝天的爐子，表示社交活動的增多。

(3)添煤加火，則代表社會聲望升高。

解釋 (1)從反面來解釋的。

(2)爐火興旺，所以可說活動增加。

(3)火旺，可說升高。

拖把

夢象 夢見拖把。

夢兆 (1)一把新的或鐵拖把象徵著一種令人愉快的愛好或社會活動能夠開展所能帶來的益處。

(2)一把舊的或髒的拖把是告訴你，如果你不進一步努力，馬上會遇到由於不負責任帶來的嚴重障

礙。

解釋 (1)新的、乾淨的象徵能得到好處、益處。

(2)舊的、髒的只會帶來壞處（障礙）。

錢包

夢象 夢見錢包。

夢兆 (1)如果夢見遺失錢包，你
也許正面臨不幸。

(2)夢見找到錢包表示你將
有所得。

解釋 (1)遺失錢包當然不幸。

(2)錢包遺失又找到了，當
然表示你將有所得。

拉鏈

夢象 夢見拉鏈。

夢兆 (1)如果拉鏈斷裂或者不好使用，表示你在人際交
往中遇到麻煩。

(2)如拉鏈很好使用，則表示生活中的一些小問題
得到圓滿解決。

解釋 (1)拉鏈表示人際交往，拉鏈斷裂或不好使用，那
在人際關係中會遇到麻煩。

(2)拉鏈好使用，則象徵小問題的圓滿解決。

雨衣

夢象　夢見雨衣。

夢兆　預示你惹麻煩或需要幫助時，會得到滿足。

解釋　下雨表示遇到麻煩，披上雨衣，麻煩就解決了。

鐘

夢象　夢見鐘。

夢兆　(1)夢見晨鐘、聽到鐘的滴答聲，或是買鐘等等，
　　　　　切忌虛度光陰。

　　　　(2)如果聽到打鐘聲，宜採取主動，你將有很大收
　　　　　益。

　　　　(3)如果給鐘上發條，則預示一段幸福的戀情。

解釋　(1)鐘表示時間，所以說切忌虛度光陰。

　　　　(2)打鐘聲表示有重要行動，如果你能採取主動，
　　　　　比如立功，那麼你將有很大收益。

　　　　(3)鐘上發條，能走一段時間，而且鐘富有浪漫氣
　　　　　息，所以預示一段幸福的戀
　　　　　情。

火柴

夢象　夢見火柴。

夢兆　夢見劃火柴，象徵收入增長。

解釋 劃火柴是減少，但是用反說法來解釋則是象徵收入的增加。

鑰匙

夢象 夢見鑰匙。

夢兆 (1)找到鑰匙，意味著圓滿解決眼前的問題。

(2)遺失鑰匙，意味著一些意想不到的不快，或是對朋友的失望。

(3)給人鑰匙預示家庭條件的改善。

(4)得到鑰匙象徵得到有影響的朋友幫助。

(5)鑰匙和鎖相配顯示對戀愛關係感到滿意。

(6)轉動鎖中的鑰匙預示新的機遇。

(7)折斷鑰匙表示錯過良機。

(8)夢見自己是掌管鑰匙的人，預示你將成為權威人士。

解釋 (1)鑰匙找到了，開不開鎖的問題解決了，所以說能圓滿解決眼前的問題。

(2)遺失鑰匙，當然是象徵意想不到的不快，包括對朋友的失望在內。

(3)給人鑰匙，能有多餘的房子給人住了，所以說家庭條件改善了。

(4)房子是得到有影響的朋友幫助才蓋起來的。

(5)鑰匙和鎖相配合適，象徵戀愛關係合適、滿意。

(6)轉動鑰匙，門將打開，可能新的機遇在等著你。

(7)鑰匙折斷了，門打不開，機會可能錯過了。

(8)掌管鑰匙的人是有一定權力的人，所以預示成為有權威的人士。

相片

夢象 夢見相片。

夢兆 夢見看相片，意味著與故友歡樂地重逢。

解釋 看見相片，就是見到相片上的故友，所以預示能與故友歡樂地重逢。

扇子

夢象 夢見扇子。

夢兆 與戀愛有關。

(1)若是扇自己，預示一種使你難堪的戀愛糾葛。

(2)若是扇別人，則警告你別把網撒得太大。

(3)若是遺失了扇子，則當心因反覆無常而失去眞摯的愛情。

解釋 扇子是信物，所以說和戀愛有關。

(1)扇自己，是只顧自己的意思，這樣就不能成功，所以預示你將有難堪的糾葛。

(2)扇別人，涉及的面太廣，戀愛的對象太多，所以說別把網撒得太大。

(3)把扇子信物遺失了，是不重視眞摯的愛情，所以說當心失去它。

袋、包

夢象 夢見袋、包。

夢兆 (1)若是紙做的，或空的，折疊著，你將會遇到經濟上的麻煩。

(2)若是皮做的，暗示生意上的成功。

(3)若是皮做的，將有一次出乎意料的非常愉快的旅行。

(4)夢裡見到許多鼓鼓囊囊的口袋或包裏，是你心願實現的象徵。

解釋 (1)紙做的包不牢固，放不住錢財，或包裡空空，那麼將在經濟上遇到困難。

(2)布包一般是用來放錢財的，錢財多了，做生意

比較能成功。

(3)外出旅行一般用皮包，所以說將有一次愉快的旅行。

(4)口袋或包裹裝滿了，賺錢的心願實現了。

布傘

夢象 夢見布傘。

夢兆 得此夢者主遠行。勞苦人夢此主分散。

解釋 出門防雨、防火、防曬，一般遠行是如此，所以說主遠行。勞苦人為生活所逼，別無他物，只是撐傘而別，所以說主分散。

皮箱

夢象 夢見皮箱。

夢兆 (1)夢他人抬之自外而來，主得財帛。

(2)夢已收拾好皮箱，主遠行。

(3)夢皮箱放置臥室，主有貨財積聚。

(4)夢皮箱半開無鎖，主口舌。

(5)夢皮箱置高處，主有賢妻。

(6)夢皮箱空虛者，安寧無事。

(7)夢皮箱損壞者，有外人多事。

(8)夢皮箱鼠咬傷、咬損，主道路有災。

(9)夢皮箱修補齊整，主進益貨物。

(10)夢背負皮箱而行，主有事得見尊長。

(11)夢將皮箱坐於臀下者，有好人相遇結合。

(12)夢將皮箱置擔中，主遠行得吉。

(13)夢以皮箱授人，主有事傳人。

解釋 (1)既是抬來，裡面當然有財帛，所以主得財帛。

(2)要遠行才收拾東西，所以主遠行。

(3)臥室是嚴密之處，也是貴重物品存放之處，所以可以說有貨財積聚。

(4)半開無鎖，可能已被人取去箱中東西，所以可能會有口舌之爭。

(5)賢慧的妻子善於把好的東西保管好，所以主有賢妻。

(6)箱子空空，不怕愉，不怕搶，所以安寧無事。

(7)箱子有損壞，被人窺之。

(8)老鼠咬傷、咬損，已有敗露處，在路途中應小心，以防意外之災。

(9)修補齊整，可以繼續放東西了。

(10)自己背著，不請人協助，說明這東西十分重要。重要的東西當然和尊長有關。

(11)箱子坐於臀下，十分安全，合意，這可能會遇
　　見好人和你相投、相合一樣。

(12)放在擔中挑，當然是遠行。

(13)把箱子給人是有求於人，是有事請人做。

針

夢象　夢見針。

夢兆　夢得之者，當獲千金。

解釋　夢得一針，爲一十金，所以爲千金。

鏡

夢象　夢見鏡。

夢兆　(1)鏡如明月，主諸事分
　　　　明。

(2)鏡若蒙塵，處事須整
　　理。

(3)鏡如昏暗，將有磨難。

(4)鏡如摔破，爲分離之
　　符。

(5)破鏡重圓，主夫妻會聚。

(6)鏡在鏡架上，須百事小心方爲吉。

(7)拾得鏡者，名成就。

(8)夢背鏡立，主自掙自成，無依他人照顧。

(9)夢換鏡者，做事常喜新厭舊。

解釋 (1)明鏡能察秋毫，所以說諸事分明。

(2)鏡蒙塵，這是不抹不擦所致，所以須整理。

(3)鏡昏暗，不祥，所以將有磨難。

(4)鏡子摔破，所以主分離。

(5)破鏡重圓，象徵夫妻團聚。

(6)在鏡架上的鏡子，掉下來就破，所以需加小心。

(7)鏡諧音競，競，成功。所以拾鏡者，辦事能成功。

(8)背鏡立，看不見自己，只有自己努力才能成功。

(9)經常換鏡感情不專一，所以說喜新厭舊。

燭

夢象 夢見燭。

夢兆 (1)學者夢之，學過前賢。

(2)能見有燭光，所以目疾者目明。

(3)燭光光輝明亮，能照人，能生子，如燭光，

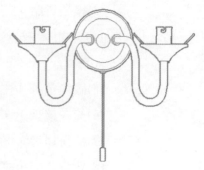

那即是貴子。

盒子

夢象　夢見盒子。

夢兆　如果是空盒子，你的計畫將有可能落空。如果盒子
裡有東西，你將能克服重重阻礙。

解釋　盒子是空的，所以計畫將會落空。盒子是實的，將
預示成功，哪怕困難重重也能夠克服。

繩子

夢象　夢見繩子。

夢兆　夢見繫繩子，預示個人努力而獲成功；夢見解繩
子，預示家庭或戀愛遇有麻煩；弄斷繩子，顯示宜
主動斬斷不滿意的關係。

解釋　用繩子把東西繫好，所以預示成功。解繩子是分
開，所以預示遇到麻煩。弄斷繩子表示斷交。

假髮套

夢象　夢見假髮套。

夢兆　夢見假髮套，表示與人交往成功。

解釋　因你用假的東西迷惑了別人。

刀片

夢象　夢見刀片。

夢兆　如果夢中出現的刀片很髒或生鏽，你應找醫生。如果刀清潔而閃亮，你將結識有益的新朋友。

解釋　髒與鏽不是好兆頭，象徵壞東西，所以身上可能有病。刀片清潔、閃亮，是新的，所以說可能會結識新朋友。

大剪刀

夢象　夢見大剪刀。

夢兆　夢見使用大剪刀，表示你將發現一種新的、有趣的且會得到報償的才能。

解釋　使用大剪刀一般是用作裁衣，而裁衣是一種有趣的而有報償的能力。

手杖

夢象　夢見手杖。

夢兆　(1)無論是自己或別人拄著手杖，象徵經過一個時候的停滯不前之後，戀愛會獲得成功，生意也將興隆。

　　　(2)用手杖打人或被打，這段時間宜拒絕任何變動。

解釋　(1)手杖是用來支撐人向前行進的，有時停滯，有時前進，但最後還是前進的，所以象徵戀愛最後的成功，或生意的興隆。

(2)用手杖打人或被打，都是壞事，所以一切不能
　　變動，否則將會變壞。

床單

夢象 夢見床單。

夢兆 (1)如你經濟上很富裕，卻夢見你有許多床單，生
　　意因你的投資管理不善而造成虧損。

(2)如果你的收入僅能維持生活，則不久即有較大
　　改觀。

(3)若夢見給枕頭換上乾淨的枕套，提示要抓住一
　　個即將來臨的獲得機會。

解釋 (1)、(2)從反面來解釋。

(3)乾淨的枕套是一次機會，它象徵獲利，所以要
　　抓住它。

眼鏡

夢象 夢見眼鏡。

夢兆 眼鏡以這種自命不凡的形式
出現在夢中是忠告你不要自
命不凡地裝扮成他人。以自己的本來面目出現最容
易持久。

解釋 戴了眼鏡有一種自命不凡的樣子，所以忠告你不要
自命不凡、得意洋洋，否則是不能保持長久的，本

來面目一定會暴露出來。

剪刀

夢象　夢見剪刀。

夢兆　夢中之剪是關係破裂的象徵。

解釋　剪刀把東西剪開了。

帽子

夢象　夢見帽子。

夢兆　無論對男對女，夢見戴帽子，你的焦慮和麻煩將馬上過去。如果帽子是很破舊、骯髒的，你在生意上將有小小的挫折。如果是軍帽，喻示大獲成功。

解釋　戴了帽子可以保暖，這也可說是自己保護了自己，所以焦慮和麻煩會很快過去。因為財力不濟，所以弄得連帽子都破舊、骯髒，這就顯示在受挫折。戴軍帽是參加部隊，部隊可以打仗成功，所以預示大獲成功。

靴子

夢象　夢見靴子。

夢兆　新的或擦得很亮的靴子，預示經濟保障。如果破

舊，宜聽從建議，在個人事務上多加小心。

解釋 新和亮是好兆頭。破舊是不好的。所以一個可說經濟有保障，一個要多加小心。

菜碟

夢象 夢見菜碟。

夢兆 如果裝滿了菜，預示好運；如果空著，預示停滯不前，除非這碟子非常美麗，則預示情場得意。破損的、骯髒的菜碟，則預示家庭不和。

解釋 滿是好，空是不好，所以結果不同。碟子美麗，象徵美麗的情人，所以預示情場得意。破的菜碟是家庭吵架摔壞的，所以預示家庭不和。

裘皮大衣

夢象 夢見裘皮大衣。

夢兆 夢見你有或穿著一件華麗的裘皮大衣，代表你將有一個良好的轉變。如果這裘皮大衣破舊，則表示你的地位將受到某種影響。

解釋 好的裘皮大衣是表示好的轉變，破舊的表示壞的影響。

腰帶

夢象 夢見腰帶。

| 夢兆 | 你將輕而易舉地實現你眼前的目標。 |
| 解釋 | 金腰帶在體育上是成功的象徵，你的目標將實現。 |

碗

夢象	夢見碗。
夢兆	若是空碗，則遇失意；若是盛滿東西，你的願望將得以實現。
解釋	空是沒有，所以象徵失意。盛滿東西是達到目的。

碟子

夢象	夢見碟子。
夢兆	盛滿食品的碟子象徵著好運即將來臨。若是碟子掉落在地，則象徵由於愚蠢的言語或行為所帶來的尷尬。
解釋	食品很多，是好事，所以象徵好運。碟子掉落打碎，當然很是尷尬。

搪瓷

夢象	夢見搪瓷。
夢兆	顯示你新近結識的朋友對你有百害而無一利。趕快躲開，別惹麻煩。
解釋	搪瓷製品只是表面好看，並不牢固。

縫紉

夢象 夢見縫紉。

夢兆 (1)見別人縫紉的夢，告誡你要為自己的前途努力。

(2)自己做縫紉，預示新機會就要來臨。

(3)手工縫紉，預示著艱苦的工作在等你。

(4)縫紉機出現在夢中，告誡你不要濫用自信。

解釋 (1)別人縫紉是在辛勤勞動，所以告誡你要為自己的前途多努力。

(2)自己努力，新機會會來臨。

(3)手工縫紉就是艱苦的工作。

(4)縫紉機不一定製出好服裝，所以不要太自信。

鎖

夢象 夢見鎖。

夢兆 夢見你在開鎖，表示因捲進旁人的事情而導致窘迫。若是上鎖，則顯示一路平安。

解釋 開鎖是好事，但反過來卻是壞事——窘迫。上鎖離開家門外出，所以一路平安。

搖籃

夢象 夢見搖籃。

夢兆 若是空的，你的孩子將由於健康不佳而面臨困難。

解釋 有病不能在搖籃中。

搖椅

夢象 夢見搖椅。

夢兆 搖椅出現在夢中，你的煩惱將解除；椅上沒人，顯示一段孤獨、憂愁的生活。但不要失望，好日子就在後頭。

解釋 坐在搖椅上很舒服，煩惱就沒有了。椅上無人，說明不想舒服，去過孤獨、憂愁的生活去了。

蠟燭

夢象 夢見蠟燭。

夢兆 (1)點亮的蠟燭意味你的生活將得到改善。不亮的蠟燭喻示你在愛情和家庭事務上將很失意。

(2)如果夢見手拿蠟臺，則表示社會活動頻繁。

(3)如夢見很短或正在燒短的蠟燭，切莫錯過良機。

解釋 (1)明亮的蠟燭使人從黑暗裡見到光明，這就是生活改善。不亮的蠟燭是不祥，所以是失意。

(2)手拿燭臺迎接客人，所以說社會活動頻繁。

鞋

夢象 夢見鞋。

夢兆 (1)夢見舊鞋子是成功的徵兆;新鞋
反而警告你過分自信了。

(2)掉鞋子的夢是提醒你的努力毫無
價值,你在白白地浪費精力。

(3)擦皮鞋的夢預示一個意外的時機。

(4)看別人修鞋你會收到新的工作邀請。

解釋 (1)用反說法解釋。

(2)鞋子掉了,無法穿上,所以一切努力都是白
費。

(3)把皮鞋擦得很亮,亮就是一種時機。

(4)修鞋也是一種工作。

鞋跟

夢象 夢見鞋跟。

夢兆 (1)遺失或弄斷一隻鞋跟,預言
一個長久的關係將要中斷。

(2)釘上或加固一隻鞋跟,表示
社交上的窘迫。

(3)橡皮或塑膠鞋跟,預示你朋友中有小人,你要
明察秋毫,以免陷入危險。

解釋 (1)久穿的鞋跟斷了，所以表示長久的關係中斷。

(2)釘上或加固鞋跟，無法活動，無法參加社交。

(3)橡皮或塑膠鞋跟不牢固，說明你的朋友中有人不可靠，是小人，所以你要當心提防。

熨燙

夢象 夢見熨燙。

夢兆 (1)對於女性來說，這種家務事表示重擔卸除。

(2)對於男性來說，表示意外的收益或收入增加。

解釋 (1)用反說法解釋。

(2)男子熨燙，是為別人加工的，而加工會有收益的。

鑷子

夢象 夢見鑷子。

夢兆 夢中見到此物，象徵你將結識一個志同道合的新朋友。

解釋 用鑷子鑷住一樣東西不放，所以象徵將結識一個志同道合的朋友。

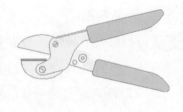

紗布

夢象 夢見紗布。

夢兆 使用醫用紗布，預示著解除擔憂。

解釋 用紗布包紮傷口，可以使傷口痊癒，所以說可以解
除擔憂。

五、文化教育宗教類

學校、書籍、圖畫、出版、藝術、新聞、宗教、寺廟

小說

夢象 夢見小說。

夢兆 夢見寫小說預示著麻煩和
煩惱；但夢見讀小說預示著愉快的社會活動。

解釋 寫小說不是容易的，所以充滿著煩惱和麻煩。閱讀
小說是一種十分愉快的享受。

日曆

夢象 夢見日曆。

夢兆 夢見日曆，象徵你的煩惱正逐漸減少。

解釋 日曆是查看日子的，隨著時間的推移，人的煩惱，
會被時間沖淡，所以，日曆預示煩惱正在逐漸減
少。

文盲

夢象 夢見文盲。

夢兆 顯示你的責任將增加，而這種增加將給你帶來巨大
的滿足。

解釋 對文盲有責任幫助他掃盲，而幫助別人將是愉快的
事，所以會帶來滿足。

書籍

夢象　夢見書籍。

夢兆　如在夢中書是主要物，則預示你的一生平淡無奇，但很愉快。

解釋　一般讀書人，生活平靜，知足少欲，與世無爭，所以生活雖平淡無奇，但很充實，很有樂趣。

歷史

夢象　夢見歷史事件。

夢兆　夢見歷史事件或場景，你將得到一個能夠改善你境況的機會，也許你現在還意識不到。

解釋　夢見歷史事件或場景，是你想從歷史中找到啓發、尋找出路，所以可能會有一個改善你境況的機會即將來臨。

紙

夢象　夢見紙。

夢兆　會財源茂盛。

解釋　紙上記著帳目，越算越精明，所以財源滾滾而

來。

出版

夢象　夢見出版。

夢兆　假如你夢見有一些書出 版了，預示你的狀況有 改進。如果你夢見書不 能出版，那麼你正在辦 的事要更加努力。

解釋　書出版後有一定的收入，所以預示狀況的改善。書 不能出版，說明書的質量或銷售有問題，需要勤加 努力。

印刷

夢象　夢見印刷。

夢兆　假如夢見自己是一個印刷工或者從事著印刷工作， 預示你的需求將得到充分的滿足。假如夢見自己正 在讀印刷字體的文章，預示你現有的問題將有一個 滿意的解決。假如夢見自己正看著印刷工在工作或 印刷機在工作，預示你能達到你的目的，但這種目 的必須透過你的努力，而不是輕鬆如意就能達到。

解釋　夢見印刷或做印刷工是好的夢，這是因為只要進行 印刷，只要努力，文字就可以變成鉛字，就可以成

功。

寫字

夢象 夢見寫字。

夢兆 如果夢見自己在寫字，是告訴你正受著某種衝動的困擾，在行動前要仔細想一想；如果你夢見別人在寫字，那麼，你在生活中應儘量不受他人的影響，不要違背自己的意願去行事。

解釋 一個人寫字有時是寫下某種困擾。看別人寫字，可能在寫影響你的意見，你看了，只是做你的參考，而不是叫你違背自己的意願行事。

加法

夢象 夢見加法。

夢兆 如夢見把幾個數相加，你個人將遇有困難，但若所得之和正確，你將戰勝困境。

解釋 相加就是加重、加大，所以說將遇到困難。答案是正確的，既是正確的，困境就能解脫。

三角形

夢象 夢見三角形。

夢兆 夢見新的、有利的條件和機會,它可大大助於你的
探索,無論是夢見三角形或四面體均屬此象。

解釋 三角形或四面體是畫圖的工具,也是探索和創造物
體的工具和不可缺少的條件,所以,它將有助於你
的探索。

三倍物體

夢象 夢見三倍物體。

夢兆 此夢會給你帶來一個意料之外的消息。

解釋 三倍的物體,叫人感到意外,當然高興。

幼稚園

夢象 夢見幼稚園。

夢兆 必須分析夢中的行為以便有
一個精確的闡述。但與孩子
們有關的一切行為都可視為
好消息的象徵。

解釋 因為孩子代表花朵、希望和
未來。

地圖

夢象 夢見地圖。

夢兆 夢見地圖,像人們預料的那樣,象徵著旅途和變

化。夢見的地圖越大，旅途越長或變化越大。夢中
你用鉛筆畫地圖，旅途吉利或變化可喜。

解釋 　地圖就是表示旅途及地理上的變化的。自己用筆畫
　　　地圖，是自己進行創造，所以表示吉利和變化的可
　　　喜。

地球儀

夢象 　夢見地球儀。

夢兆 　表示有趣的新的冒險活動。

解釋 　看地球儀是尋找新的冒險地點。

算術

夢象 　夢見算術。

夢兆 　夢見算術題，預示你將遇到麻煩，但稍微努力即可
　　　克服。

解釋 　做算術題，就是一件麻煩事。

羽毛管筆

夢象 　夢見羽毛管筆。

夢兆 　玩弄或使用一支羽毛管筆，表示你將得到
　　　給你帶來好運的消息。

解釋 　筆是用來寫字、寫信的，所以是帶來好運
　　　的重要資訊。

地理學

夢象　夢見地理學。

夢兆　預示著即將到來的旅遊機會。

解釋　地理學中有很多有關旅遊的內容。

講壇

夢象　夢見講壇。

夢兆　夢見講壇，你必須準備好在一段時間內無所進展。但如果你夢見自己站在講壇上對別人說話，這就意味著你在公眾事務中得到認可。

解釋　夢見講壇，不是真的擁有講壇，所以在一段時間內無所進展。如果你自己站在講壇上，或對別人說話，別人能聽你的，這就意味著別人承認了你。

講座

夢象　夢見講座。

夢兆　夢見聽講座，是有限的成功的象徵；夢見自己開講座，預示著環境的可喜變化。

解釋　聽講座是獲得知識，而有了知識就能成功。但畢竟是別人的知識，所以只是有限的成功。自己開講座

說明自己已成熟，所以地位和位置將會有所改善。

考試

夢象　夢見考試。

夢兆　在夢裡，如果你不及格，則說明你好高騖遠，改變目標將對你有利；如果你及格了，則說明你目前沒有什麼大問題，你的希望將能夠實現。

解釋　不及格是因為沒有踏實復習，好高騖遠，及格了當然沒什麼大問題了。

報紙

夢象　夢見報紙。

夢兆　讀報象徵著一定範圍內的事件令人歡欣鼓舞，買報預示著地位的快速上升；用報紙包東西預示著與久別的朋友或親屬重新建立過去那種親密的關係。

解釋　報上有好消息，所以令人歡欣鼓舞。買報，認真讀報得到知識和消息，所以可能地位會快速上升。把東西包起來，是把東西合起來，所以比喻團聚或恢復親密關係。

學習

夢象　夢見學習。

夢兆　夢中你非常努力學習一門很難的技藝、語言或科目，是告訴你，你可能承擔了力所不及的事，最好重新審視你的情況。另一方面，如果夢中學習很輕鬆，預示著透過勤奮努力，你的聲望將大大提高。

解釋　學很難的東西是承擔了力所不及的事，所以你要改變計劃。學習很輕鬆，透過努力，成績會提高，大家會尊敬你，所以聲望會提高。

學手藝

夢象　夢見學手藝。

夢兆　夢見學一門手藝，預示你事業有成。如夢見教人手藝，你將在錢財上蒙受損失。

解釋　學手藝學成了，事業上當然會成功。教人學手藝，是付出，所以在錢財上將有損失。

學校

夢象　夢見學校。

夢兆　夢見學校裡，顯示你不願放

棄老關係。

解釋　同學的關係是很深的，因此在夢中還念念不忘。

畫

夢象　夢見畫。

夢兆　現代畫、水彩畫、繪畫，象徵著小變動。

解釋　因為這些畫對人們生活影響較小，所以只會對人有
　　　小的變動。

畫架

夢象　夢見畫架。

夢兆　如果夢見畫家在畫架前作畫，或畫
　　　架上有畫，你的生活將非常安
　　　逸。

解釋　生活安逸，才能有興趣、有耐心去
　　　作畫。

畫像

夢象　夢見畫像。

夢兆　告訴你要冷靜地接受變化，你的憂慮是不必要的。

解釋　畫像和原像（本人）不完全相同，這就是變化。但
　　　畫像又是原像的忠實寫照，所以一切憂慮是不必要
　　　的。

圖形

夢象　夢見圖形。

夢兆　夢裡出現許多互不相關的圖形，預言你將發現暗藏的對手，最好能令其當眾出醜。

解釋　對手大都是隱藏的，他們隱藏在各種圖形場合裡面，夢見圖形，就是要求你善於識別他們，把他們找出來。

底稿

夢象　夢見底稿。

夢兆　夢見底稿象徵著你對目前的計劃或專案感到失望。

解釋　底稿是稿子，尚沒有完成，或沒有通過編輯審查，是否能發表還存在問題，所以象徵對計劃及專案的失望。

刻字

夢象　夢見刻字。

夢兆　在這一時期，你萬事如意。

解釋　刻字的人刻什麼字一定會刻成功，所以說萬事如意。

宣傳

夢象	夢見宣傳。
夢兆	夢見自己竭力想影響別人的觀點，預示你將不得不盡力反擊別人對你聲名的攻擊。
解釋	因為別人攻擊你的名聲，所以你才竭力想影響別人的觀點。

展覽

夢象	夢見展覽。
夢兆	顯示在你前進的道路上有無數的小障礙。但只要有耐心，便能夠逐步克服。
解釋	展覽是把過去的事跡公佈於眾，同時也暴露了不足，所以就形成了克服一些不足的小障礙。但因為是小障礙，所以也能很快克服的。

語錄

夢象	夢見語錄。
夢兆	聽到或讀到一些名人的語錄，顯示你在知識界的社會成功。
解釋	名人語錄一般在知識界流行，說明你已躋身知識界。

故事

夢象 夢見故事。

夢兆 作夢寫故事，預示著將至的悲哀心境。但夢見讀故事或聽別人講述故事，意義則完全相反。

解釋 寫故事，故事中人的悲歡離合，使寫作者心境不平靜。讀、聽故事和小說，是一種享受，一種樂趣。

複寫紙

夢象 夢見複寫紙。

夢兆 夢見複寫紙或複寫的副本，宜當心同事欺騙你，或朋友給你找是非。

解釋 複寫出來的東西可能是假的，所以應當心有人欺騙你或給你找是非。

美術館

夢象 夢見美術館。

夢兆 (1)如果陳列的是年代已久的繪畫作品，預言你將恢復一個以往的關係。

(2)若是當代的，則預言你將結交新友。

解釋 (1)年代已久的繪畫作品，今天陳列出來，這就意

味著又重新恢復了關係。

(2)當代是新的，所以說結交了新朋友。

鉛筆

夢象　夢見鉛筆。

夢兆　身體好，福氣好，應及時享用之。

解釋　鉛筆能畫最好、最美的圖畫，所以說身體好、福氣好，應及時享用之。

粉筆

夢象　夢見粉筆。

夢兆　預示你現代的計畫將嚴重受挫。

解釋　粉筆是消耗品，到最後將不復存在，所以說你的現行計嚴重受挫。

膠水

夢象　夢見膠水。

夢兆　(1)用膠水修補東西，是警告你要保護好當前的投資。

(2)用膠水粘東西，預示你將在專業、商業及主要的活動領域中受到承認。

解釋　(1)要像膠水修補東西一樣，牢牢地保護好你的投資。

(2)用膠水把東西粘住，就像人在各種活動中大家
承認你一樣。

底片

夢象　夢見底片。

夢兆　夢見自己在弄膠捲，顯示你將得到一件禮物。如果
是夢到曬印的話，你可能馬上就會結交新朋友。

解釋　將底片送給朋友，朋友可能會給你禮物。曬印別人
的相片，這個人可能是你的新朋友。

朗讀

夢象　夢見朗讀。

夢兆　一般來講夢中的閱讀行為
是進步的象徵。聽見他人
朗讀，顯示安靜無憂的心
境即將陪伴你。

解釋　閱讀、朗讀是累積知識，
是進步，所以說是進步的
象徵。他人朗讀，對你心境是一種干擾，但反過來
卻是安靜無干擾。

索引

夢象　夢見索引。

夢兆 查閱索引、編纂索引意味著社交和生意上有進展。

解釋 查閱、編纂索引是為了尋找朋友和客戶。

教育

夢象 夢見教育。

夢兆 夢見自己接受教育培訓，你將在商業方面獲得成功；夢見自己缺乏教育培訓，你將在文化方面取得成就。

解釋 自己接受教育培訓，提高了文化素質，所以在商業上會有成功。缺乏教育培訓，那麼你必專心於文化課程，所以將在文化上取得成就。

教授

夢象 夢見教授。

夢兆 (1)夢見自己成為一個教授，預示你的處境將有所改進。

(2)夢見自己聽教授講課，或得到教授的親自指導，預示你將發現一個新的業餘愛好。

解釋 (1)自己成了教授，處境自然而然會改進。

(2)這新的業餘愛好是教授培養的結果。

硯

夢象　夢見硯。

夢兆　(1)文章家夢之，主廣見博聞。

(2)婦女夢之，有喜事至。

(3)病者夢之，正吉。

(4)夢硯大如碑，主天下大事。

(5)夢硯小為珠，主心意安靜。

(6)夢五色硯，主文彩。

(7)夢朱墨硯，主蒞任。

解釋　(1)做學問的人離不開抄寫、摘錄，所以能廣見博
　　　聞。

(2)婦女寫信給遠方的丈夫，或給娘家寫信，故可
　　能有喜事至。

(3)生病者經醫生開方醫治，即痊癒，所以是正好
　　吉利。

(4)碑文記載的國家大事，所以夢見硯大如碑，可
　　主天下事。

(5)能玩珠，表示心情舒暢，所以主心意安靜。

(6)五色硯象徵文彩豐富，所以主文彩。

(7)古時做官用朱砂，所以主到任做官。

墨

夢象	夢見墨。
夢兆	(1)凡夢之者，主文章進益之象。
	(2)夢土地中拾得，主得財產。
	(3)夢人授之，主得聞見問學。
	(4)夢之授人，主得朋友交。
	(5)夢人偷去，主失利不祥。
	(6)夢跌斷折，主口舌。
	(7)夢斷復聯，主吉事至。
解釋	(1)經常用墨，文章當然可長進。
	(2)土中拾得，好像田中所產，所以說主得財產。
	(3)別人給予，勤加學習，所以知識能增加。
	(4)墨意味墨寶（文字贈與朋友），所以朋友多。
	(5)被人偷去，意味不小心，所以失利不祥。
	(6)墨斷折，不能繼續書寫，這像說話一樣，不能順利進行，要當心口舌。
	(7)斷折復聯，一切復原，重頭開始，所以可能有吉事至。

筆筒

夢象	夢見筆筒。
夢兆	夢筆筒中有美筆者吉利，筆筒置桌上而無筆，為空虛之象。

解釋 有美筆，能寫出美的字，所以吉利。筆筒中無筆，當然是空虛。

書櫥

夢象 夢見書櫥。

夢兆 夢此主博學多才，損壞不祥。

解釋 書櫥上書多，所以博學多才。書櫥破壞，不能放書，無從學起，所以不祥。

算盤

夢象 夢見算盤。

夢兆 夢此主有心機。

解釋 算盤是用來計算的，所以說夢者有心機。

書架

夢象 夢見書架。

夢兆 書架象徵你現行的計畫將會由於意外的原因被束之高閣。

解釋 書架上的書是爲了存放的，所以象徵計畫被束之高閣。

公事包

夢象　夢見公事包。

夢兆　(1)陳舊的公事包預示生意興隆。

(2)嶄新的公事包提醒你切忌未經調查研究即做出決定。

(3)公事包裡裝滿東西，則應在個人事務上多加小心。

(4)空包，則表示目前的計畫獲得成功。

(5)遺失公事包，則應步步謹慎，以免生意上失敗。

解釋　(1)公事包都用舊了，說明生意不錯，經常使用它。

(2)新的公事包說明你才開始辦事，一切沒有經驗，所以要加強調查研究，不要輕率地做出結論。

(3)公事包裡裝滿東西，說明事務太多，為了避免差錯，所以應多加小心。

(4)空包是一無所有，不是好事，但反過來說，則能預示成功。

(5)它是從反面來解釋的，遺失反而是好事，找回反而是失敗。

電影

夢象 夢見電影。

夢兆 如果夢見你喜歡看的電影，則預示著你的前景令人愉快。如不喜歡、失望、討厭，警告你要防止別人對你的欺騙。

解釋 你喜歡看的電影，你當然心情愉快，你不喜歡看的電影而你去看了，好像是有人在騙你一樣，所以你要防止別人對你的欺騙。

字典

夢象 夢見字典。

夢兆 夢見字典，你將有失去朋友的危險。

解釋 因為經常翻閱字典，自己知識比較豐富，所以比較自負，產生驕傲情緒，就會失去朋友。

檔案

夢象 夢見檔案。

夢兆 夢裡任何與檔案有關的東西，都暗示意想不到的法律糾紛。

解釋 查閱檔案有時是為了打官司。

符號

夢象 夢見符號。

夢兆 一般說符號一旦出現在夢中，你的夙願就要實現。

解釋 夢中符號是成功的象徵。如化學元素週期表中的很多元素就是在門捷列夫的夢中出現後再研究試驗出來。

寓言

夢象 夢見寓言。

夢兆 不論夢見在讀、聽還是講述寓言，都與衝動行事有關，別太輕狂。

解釋 寓言是含蓄、深入的，但反過來可解釋為衝動、輕狂。

喜劇

夢象 夢見喜劇。

夢兆 預示事情有突然進展，你將從中得利。

解釋 喜劇的劇情是突然變化的，而且總是以好人得到好的結果為結局，所以說你將從中得利。

博物館

夢象 夢見博物館。

夢兆 伴隨著看見、進博物館

的夢，是一個想不到的好機遇。

解釋　博物館是增長見識的地方，所以說是個機遇。

黑板

夢象　夢見黑板。

夢兆　即將聽到新消息。

解釋　在黑板上寫的新消息。

漫畫

夢象　夢見漫畫。

夢兆　如果在夢裡你被漫畫逗樂，則一時期裡，你情場失意，但生意興隆。

解釋　漫畫表面是歌頌，實質是諷刺，所以你情場失意，但生意興隆。

墨水

夢象　夢見墨水。

夢兆　(1)墨水濺出，預示著一個複雜的問題或困難局面有令人滿意的結果。

(2)寫字時沾到墨漬，黑漬，預示一個陰暗時期。

(3)如果夢中出現吸墨水紙，顯示

你將被一位朋友所出賣；因此，要肯定你私下密談的對象是否值得信賴。

解釋 (1)墨水濺出不好，但反過來可說好，所以說有令人滿意的結果。

(2)墨汁黑色，所以預示一個陰暗時期。

(3)吸的反面是出，所以說會被朋友出賣。

墨漬

夢象 夢見墨漬。

夢兆 當夢見乾淨紙上沾上墨漬，你將解決一個長時間困擾你的難題。如果你把墨漬弄在一份文件上，你的生活將有突然改善，可能是職務上的晉升。

解釋 把墨漬去掉是難題。把墨漬弄在文件上更是壞事，但反過來可說是好事，所以說生活上將有改善，職務上可能晉升。

鋼筆

夢象 夢見鋼筆。

夢兆 正如人們所料想的那樣，夢中之筆表示遠方的資訊。若你損壞了筆尖或鋼筆沒水了，就是告誡你：由於與品性有問題的人交往，你的名譽受到了威脅。

解釋　用鋼筆寫信，是為了給遠方的人傳資訊。筆尖壞了，鋼筆沒水都不能寫字了，這時鋼筆的品質已經有問題，這樣，就象徵你與品性不好的人交往，已使你的名譽受到了損害或威脅。

收音機

夢象　夢見收音機。

夢兆　(1)如果音量相當，節目愉快，此夢顯示一個幸福和睦的家庭生活。

(2)如果收音機音量過大，擾人心緒，這預示爭吵或嚴重的分歧，必須設法調解。

解釋　(1)一家人聽著愉快的節目，這種氣氛是很好的，所以可以象徵幸福和諧的家庭生活。

(2)收音機音量過大，像吵架一樣，所以預示爭吵和分歧。

大學

夢象　夢見大學。

夢兆　對學術界、科技界人來說，此夢吉祥。對其他人來說，這意味著你將來要成功，現在就必須努力。

解釋 在大學工作，很增長知識，所以是好事，是吉祥之夢。對其他人來說，雖然沒上大學，只要努力，也一樣能獲得成功的。

電視

夢象 夢見電視。

夢兆 (1)如果你在電視裡看到一個令你愉快的節目，而且在你醒後仍記憶猶新，是告訴你應一如往昔堅持你的行動準則。

(2)如果你夢到的並非如此，則你近期內的計畫與行動多半受到了他人的影響，你應認真地檢查一番。

解釋 (1)既然是愉快的，那麼可堅持下去。在實際生活中，你認為是對的，就應像電視中的節目一樣堅持下去。

(2)如果在電視裡看到的不是愉快的節目，那麼電視裡的教訓就應該吸取，應該認真地檢討自己，特別是要看一看自己是不是聽別人的話多，卻沒有獨立的主張。

教堂

夢象 夢見教堂。

夢兆 夢裡出現教堂的外形，乃有好

事將臨。如果出現內部結構，則有麻煩，但別擔心，「塞翁失馬，焉知非福」。

解釋 教堂是崇敬上帝的地方，上帝是想拯救全人類的，所以夢見它，說明你的雄心壯志可能實現。在教堂裡面，耶穌受人尊敬，如果有人想像耶穌那樣也受人尊敬，這目標是不容易達到的。但由於你的努力，會時時得到人們的獎勵，使你感到欣慰。

天使

夢象 夢見天使。

夢兆 預示成功、幸福、富足、友愛。

解釋 天使是吉祥如意的象徵。

天堂

夢象 夢見天堂。

夢兆 預指一個目前對你不利的變化，但從長遠來看，卻是非常有利的。

解釋 在沒有進入天堂以前，對你是不利的。但進入了以後，卻是對你有利的。

不信教

夢象 夢見不信教。

夢兆 夢中不信教，則應在與異性交往中謹慎行事。

| 解釋 | 信教應待人忠誠，現在你不信教，說明你不忠誠，那麼對異性朋友的交往不慎重是不行的，因爲你缺乏忠誠。 |

幻境(仙境)

夢象	夢見幻境（仙境）。
夢兆	如果夢裡出現幻境或仙境，喻示你目前的事務將出現新氣象。
解釋	幻境、仙境裡出現的都是新奇的東西，所以預示你目前的工作出現新的氣象，有新的起色。

曆書

夢象	夢見曆書。
夢兆	夢見曆書，意味著生意上順利。
解釋	曆書是關於預測的書，翻閱曆書是爲了獲得如意吉祥的資訊，所以預示生意上的順利。

十字

夢象	夢見十字。
夢兆	夢見出現任何十字，意味著須透過艱苦奮鬥和痛苦徬徨才能獲得成功和歡樂。
解釋	釘上十字架是痛苦的，但經過痛苦，就能上天堂，

即所謂獲得幸福。所以預示獲得成功和歡樂。

主教

夢象　夢見主教。

夢兆　將有個不愉快的消息。

解釋　主教實行嚴格的教規，而教
規叫人不愉快。

尼姑庵

夢象　夢見尼姑庵。

夢兆　象徵萬事如意。

解釋　尼姑庵是女子修鍊的地方，進去修鍊好了，就可以
成正果，所以象徵萬事如意。

聖餐

夢象　夢見聖餐。

夢兆　預示吉祥的音訊。

解釋　聖餐是神聖的，是吉祥的，但反過來卻解釋爲不
祥。

聖徒

夢象　夢見聖徒。

夢兆　夢見他們，告訴你不要失去信心，
只要努力，目前的困難是可以克服

的；若夢中你與聖徒對話，你應當改變一貫的行為
方式，因為它們可能是有違正義和聖潔的。

解釋 要像聖徒一樣堅貞不移，所以任何困難都可以克服
的。和聖徒對話，就是懺悔，所以要改變自己過去
的行為。

聖經

夢象 夢見《聖經》。

夢兆 你將為一次好心的行動而得到獎賞。

解釋 做好事上帝會獎賞你。

耶誕節

夢象 夢見耶誕節。

夢兆 不在耶誕節而夢到耶誕節，預
示家庭幸福，社交成功。

解釋 因為耶誕節表示幸福、成功，
所以預示你家庭幸福、社交成
功。

聖母瑪莉亞

夢象 夢見聖母瑪莉亞。

夢兆 作了見到聖母的夢當然是吉祥的預兆，但也提醒你
要正確地使用你的自信心。

解釋 聖母瑪莉亞對拯救世界造福人類充滿信念，充滿自信，而決不是為了其他的自私目的，所以說，你要學習聖母瑪莉亞，就要正確地使用你的自信心。

加冕典禮

夢象 夢見加冕典禮。

夢兆 預示有一系列成功將出現在你的生活中。

解釋 加冕只是成功的開始，所以還有一系列成功出現在未來中。

儀式

夢象 夢見儀式。

夢兆 無論是民間的、宗教的、社團的儀式，都告訴你，你的朋友忠誠可靠。

解釋 參加什麼儀式的人都必須忠誠可靠，所以預示你的朋友忠誠可靠。

紅衣主教

夢象 夢見紅衣主教。

夢兆 你將得到不好的消息。

解釋 紅衣主教應該帶給你好消息，但反過來解釋為帶給你不好的消息。

|地獄|

|夢象| 夢見地獄。

|夢兆| 預示收入或物質財富的增加，社會聲望下降了。從
地獄中回來，顯示你將面臨一個極大的誘惑，誘惑
你去做的事正是與你的原則背道而馳。

|解釋| 有錢的壞傢伙下地獄，這就是說「收入或物質財富
的增加，社會聲望下降」。從地獄中回來，脫離了
苦海，不想再做壞事了。

|寺院|

|夢象| 夢見寺院。

|夢兆| 如果你白天清清楚楚地看見這種建築，你將擺脫憂
慮而寧靜。如在夜間看見或昏暗不明，則有暫時的
不利。

|解釋| 寺院應是無憂無慮、幽靜的。夜間看不清，只是暫
時的，第二天就好了，所以說會有暫時的不利。

|巫婆|

|夢象| 夢見巫婆。

|夢兆| 夢見巫婆表示你將在今後的時間裡在社會關係中得
到愉悅。

|解釋| 夢見巫婆是不好的，但從反面來說，是好的，所以

可能使你得到愉悅。

宗教

夢象　夢見宗教。

夢兆　夢中置身教堂內部顯示你正有些小煩惱，但如在夢中體驗到超凡脫俗的神靈之力，說明你心靜體安，正在度過美好的時光。

解釋　去教堂是為了懺悔，一般是小煩惱。心靜體安，生活美好，有些教徒認為是上帝的神力。

彌撒

夢象　夢見彌撒。

夢兆　在教堂聽彌撒的夢會令你失望，因為一個美妙的計畫將要推遲。

解釋　做彌撒，只是向上帝祈求恩賜，還不能馬上實現，所以暗示一個美妙的計畫要推遲而使你失望。

念珠

夢象　夢見念珠。

夢兆　如夢見念珠，你將在社會上獲得成功。念珠遺失了或掉到地上，則暗示有小失意。

解釋 念珠是爲了祈禱的，而教徒認爲祈禱會帶來福音，所以預示成功。念珠遺失了或掉在地上並不是大的失意，而是小失意。

耶穌

夢象 夢見耶穌。

夢兆 衪是剛毅和在不幸中尋找安慰的象徵。如果你與耶穌談話或向其祈禱，或衪觸摸你，或你碰衪，顯示你內心平靜和滿足。

解釋 夢見耶穌，一切都是好的。

耶路撒冷

夢象 夢見耶路撒冷。

夢兆 暗指孤寂。

解釋 因爲耶路撒冷是聖地，去的人較少，所以象徵孤寂。

寶塔

夢象 夢見寶塔。

夢兆 夢中有寶塔顯現，預示將有意外的旅行或遊覽。

解釋 寶塔都在風景區內，所以夢見寶塔就是想去旅遊。

神

夢象 夢見神。

| 夢兆 | 在夢中看見、聽到或意識到神，你可望透過適應環境和正視現實，而得到滿足並無憂無慮。 |
| 解釋 | 夢見神是好事，因為它能給人幸福，給人滿足，給人無憂無慮，給人心理上滿足。 |

神龕

夢象	夢見神龕。
夢兆	預示你負擔的減輕。
解釋	有些負擔由神負擔了。

神話

夢象	夢見神話。
夢兆	有關任何傳奇性人物或古代神話的夢，告誡你，處處有奉承，不要被吹捧沖昏了頭腦。
解釋	神話神乎其神，但本質上是對人們的奉承。

妖怪

夢象	夢見妖怪。
夢兆	如果夢中有妖怪出沒，說明你在期待或沉迷於某一危險的惡習或情欲。
解釋	妖怪是宮人的東西，所以說明你在期待或沉迷做某一有害的事物之中。

神仙

夢象 夢見神仙。

夢兆 夢見與鬼神有牽連的事，預示對你大有裨益。

解釋 神仙能給人好處。

惡魔

夢象 夢見惡魔。

夢兆 夢裡出現惡魔或惡魔般的氣氛，預言在你前進的道路上困難萬千。你最好能改變方向或目標。

解釋 惡魔就是跟人作對，給人設置種種困難的。

偶像

夢象 夢見偶像。

夢兆 任何有關偶像的夢，都預示你打算提示一個秘密或挖掘隱藏在複雜情形後的原因。

解釋 偶像是給人盲目崇拜的。但人人都希望知道偶像所以成為偶像的秘密和原因。

頌歌

夢象　夢見頌歌。

夢兆　聽到所有歡樂的音樂，預示有喜訊來。

解釋　歡樂的音樂，就是使人高興的喜訊。

祭壇

夢象　夢見祭壇。

夢兆　你將從壓抑中解脫，並且得到好消息。

解釋　在祭壇上祭祀是想求得解脫，得到好消息。

禱告

夢象　夢見禱告。

夢兆　如果在教堂做禱告，預示你負擔的減輕。

解釋　求上帝保佑，減輕精神負擔。

基督

夢象　夢見基督。

夢兆　你的終極理想可能實現不了，你將達到心靈的平靜。

| 解釋 | 終極理想是升天堂，這實現不了。但由於相信基督，心靈平靜了，煩惱解除了。 |

瀆神

夢象	夢見瀆神。
夢兆	夢中自己褻瀆神，那就警告你抵制現實裡朋友對你的不良影響，若夢裡瀆神的是他人，你可能從危險中逃離出來。
解釋	褻瀆神是不好的，所以你要抵制這種不良行為；是他人瀆神對你無害，所以你可以逃離危險。

鐘聲

| 夢象 | 夢見鐘聲。 |
| 夢兆 | 鐘聲悅耳，預示生活改善；鐘聲不和諧，則在一段時期裡工作艱辛，而少有歡樂。 |

| 解釋 | 悅耳是好兆頭，不和諧是壞兆頭。 |

褻瀆

夢象	夢見褻瀆。
夢兆	(1)如果你聽到褻瀆神明的言論，你將實現你的抱負。
	(2)如果你褻瀆了神明，你將因為不講信義的朋友

而遭到難堪。

解釋　(1)褻瀆神明應受到懲罰，根本不可能實現抱負，但反過來卻可說將實現你的抱負。

(2)自己褻瀆了神明，會受到別人的指責，所以會遭受難堪。

跪

夢象　夢見跪。

夢兆　不論夢中是你自己還是別人跪著，只要不是因為祈禱而跪，都在警告你，你處於被欺騙的危險中。控制你過去慷慨的個性，跪著祈禱預示著天賜良機。

解釋　下跪祈禱是求上帝賜福。

福音書

夢象　夢見福音書。

夢兆　自己讀或別人讀福音書，預示將有人求助於你，這幫助對他（她）來說，正是雪中送炭、及時雨。

解釋　福音書是傳播福音的，所以有人會求助於你。

墓碑

夢象 夢見墓碑。

夢兆 夢到新墓碑，象徵著一次新的機會；舊墓碑，則預示友誼得以恢復。

解釋 墓碑是死亡的象徵，表示沒有機會，但反過來就是有機會，所以新墓碑象徵新的機會。舊表示友誼，舊墓碑表示友誼恢復。

墓誌銘

夢象 夢見墓誌銘。

夢兆 (1)如果能認清或讀懂上面的碑文，意味著你能夠輕易地解決你將面臨的難題。

(2)如果文字模糊或語義艱澀，你將有家庭事務方面的喜訊。

解釋 能認清、能讀懂就是解決難題。

塑像

夢象 夢見塑像。

夢兆 夢見塑像，你要注意少管他人閒事。

解釋 塑像不會講話。

慈悲

夢象　夢見慈悲。

夢兆　(1)夢裡你越慈悲，你近兩個月的經濟困難就越大。

(2)如果收到賑濟物，則可望收入穩步增長，或有別人的財運。

解釋　(1)用反說法解釋。

(2)收到救濟物就是收入增長。

算命

夢象　夢見算命。

夢兆　別人幫你算命，是個人生活稱心如意。如果是你在算命，則預言你的計畫將全盤成功。

解釋　別人幫你算命，會說你好，所以說你生活稱心如意。自己在算命就是自己安排命運、安排計畫，所以預言你的計畫能成功。

讚美詩

夢象　夢見讚美詩。

夢兆　夢裡聽到了讚美詩，一定有值得驕傲和喜慶的事。

解釋　有值得驕傲和喜慶的事才唱讚美詩。

雕像

夢象　夢見雕像。

夢兆　如果你爲別人雕像，有人將從你目前的努力中分享大半利益。如果是別人爲你雕像，你當自得成果。

解釋　爲別人雕像，得益的當然是別人。爲自己雕像，得益的當然是自己。

薰香

夢象　夢見熏香。

夢兆　夢見燃著的香或有香味，預示你的負擔減輕。

解釋　香味飄走，比喻負擔減輕。

夢中夢

夢象　夢見夢中夢。

夢兆　夢中夢，表示你最大的希望難以實現。

解釋　夢中夢，希望渺茫，所以希望難以實現。

六、法律刑事軍事類

法律、法院、監獄、犯罪、刑具、軍事、武器

大麻

夢象 夢見大麻。

夢兆 關於這種毒品的夢，暗示你企圖從事力所不及的事，請仔細想想，可別做傻事。

解釋 吸毒、販毒都是犯法的事，所以警告你不要做這類傻事。

皮鞭

夢象 夢見皮鞭。

夢兆 夢中見到趕馬的皮鞭，告誡你須警惕一位不可靠的朋友。

解釋 趕馬用的皮鞭是用來對付調皮的馬的，所以告誡你要警惕不可靠的朋友。

犯罪

夢象 夢見犯罪。

夢兆 夢裡聽說或目擊犯罪，預示環境的改善，自己犯罪則是成功的象徵。如果暗殺或行刺，你將得到驚人的消息。如果你被

當場抓獲，切忌言語不慎、脾氣暴躁。

解釋　犯罪是不好的，但反過來說，卻可預示改善、成功。暗殺或行刺當然是驚人的消息。當場抓獲，當然不能隨便亂說或暴躁反抗。

有罪

夢象　夢見有罪。

夢兆　夢到他人有罪，象徵不可信的朋友；自己有罪或有一種犯罪感，則表示你需要將功補過。

解釋　有罪的朋友當然不可靠。自己有罪當然應該立功贖罪，將功補過。

死刑

夢象　夢見死刑。

夢兆　夢裡看到或注意到別人被處以死刑，預言你目前正進行的事情無疑是能夠成功的，但需要付出更多的時間和更大的財力、物力。夢裡如果是你自己被處以死刑，你將得到關於健康方面的好消息。

解釋　處以死刑是失敗，但反過來解釋就是成功。

吃人

夢象　夢見吃人。

夢兆　切忌捲入任何風險或陰謀。

解釋 因吃人是不好的，是犯罪行為。

決鬥

夢象 夢見決鬥。

夢兆 決鬥的夢表示你家裡或朋友中有挑撥離間者，應在還沒惹禍前揭穿他（她）。

解釋 有一些決鬥是由於有人挑撥離間引起的，所以應及時地揭穿他（她）。

收容所

夢象 夢見收容所。

夢兆 如果你在收容所外面，則喻示別人有求於你，即使你花費大力氣，也應毫不猶豫地予以幫助。如果你在收容所裡面，或被收容，應趕緊找一摯友或業務上的顧客，與之商談你內心的擔憂和焦慮。

解釋 幫助人總是好事，當然不能幫助人做壞事。收容是被隔離，無人可以商談，所以要找朋友或顧客交談，以求某一問題的解決。

嗎啡

夢象 夢見嗎啡。

夢兆 如果夢見服用這種毒品，不管是你自己還是他人，警告你，必須馬上做出決定，進一步的遲延將導致

無希望的結果。

解釋 服用毒品是不好的，必須停止，否則後果不堪設想。

縱火

夢象 夢見縱火。

夢兆 你的生活將出現轉機。

解釋 縱火是不好的，但反過來可以解釋為好，所以說生活將出現轉機。

搶劫

夢象 夢見搶劫。

夢兆 作在搶劫中失去物品的夢，意味著你將得到意外收穫；要是被搶去的是錢，則此夢提醒你須節制開銷。

解釋 搶去物品，反過來可以解釋為得到意外的收穫。搶去錢，錢少了，那就必須節約開銷。

走私

夢象 夢見走私。

夢兆 作此夢會使你平時甚為隱藏的一個秘密被突然公

開。

解釋 走私被人查出，秘密就會公開。

作證

夢象 夢見作證。

夢兆 夢見自己在法庭上作證，預示將有朋友來請你幫
忙；若是聽到別人作證，預料你需要別人幫助以保
護自己的名譽。

解釋 作證就是給別人幫忙。

貪污

夢象 夢見貪污。

夢兆 夢見自己或別人貪污，說明你有難題或隱私。

解釋 因為有難解的問題或隱私，於是總想用貪污來解
決。

偵探

夢象 夢見偵探。

夢兆 長期得不到解決的問
題將得到解決。

解釋 偵探是解決長期不能
解決的問題的。

劫持

夢象 夢見劫持。

夢兆 夢見你正遭到劫持，顯示你在事業上或社會上戰勝
對手而獲成功。如果你夢見別人正遭劫持，那你不
久將得到意想不到的消息。

解釋 遭劫持是壞事，但反過來卻能預示成功。別人遭劫
持，這當然是意想不到的消息。

法官

夢象 夢見法官。

夢兆 夢見自己是法官或在審訊別人，
預示著一個曲折、困難並且吃力
不討好的時期。但你放心，困難
只是暫時的。

解釋 做法官或審訊別人是曲折、困難
的事，但最終會審訊成功，所以
說困難是暫時的。

法庭

夢象 夢見法庭。

夢兆 夢見法庭，經濟受損。但只要不把精力和時間用於
無謂的悔恨上，前景仍然樂觀，應一切朝前看。

解釋 去法院打官司，官司打輸了，經濟就要受損。但不必悔恨，因為以後還可以再打贏官司的，所以一切朝前看。

法律

夢象 夢見法律。

夢兆 (1)夢裡涉及法律，預示著令人頭痛的事情就要發生。

(2)夢中要聘任律師，是警告你在財物上要謹慎。

(3)夢見自己勝訴，你可能是激烈爭執的雙方中失敗的一方。

(4)夢中被控告，警告謹防豔遇。

(5)夢中自己成了律師，預言將有意想不到的好消息。

解釋 (1)辦事牽涉到法律，就要打官司，而打官司是令人頭痛的事。

(2)要聘任律師，是因為在財物上發生了糾紛，所以警告你在財物上要謹慎小心。

(3)勝訴是成功，但反過來卻是失敗。

(4)因為有關法律事件，別人才控告你。

(5)成了律師就是好消息。

法警

夢象 夢見法警。

夢兆 如夢中與法警有什麼糾纏，你將有錢財方面的好消息。如夢中只看見法警，或被法警拘留監禁，則暗示你職務上的升遷。

解釋 這兩個夢兆都用反說法來解釋。

審訊

夢象 夢見審訊。

夢兆 預示新的讓你高興的任務來臨。

解釋 審訊收穫很大，所以預示高興的任務來臨。

重婚

夢象 夢見重婚。

夢兆 對男性而言，預示生殖能力的喪失，應做一次檢查。對女性而言，應在擇友上明辨是非。

解釋 重婚應是生殖能力強，但反過來就是生殖能力的喪失。男子重婚一般要用欺騙手段，所以對女性來說在擇友上就應慎重，以免上當受騙。

毒品

夢象 夢見毒品。

夢兆 (1)夢見自己或別人吸毒，生活中則不能再放任自流，而應主動進取。

(2)夢到自己或別人販毒，則在你周圍會有人背叛你，宜檢視你目前的同伴。如果你本來就吸毒，這夢就沒有意思了。

解釋 (1)自己或別人吸毒，都是自我約束不夠的結果，要改正吸毒習慣，必須主動進取，再不能放任自流。

(2)販毒者互相之間都是你爭我鬥，背叛者很多，所以說宜檢視你的同伴。

宣判

夢象 夢見宣判。

夢兆 夢見自己和別人被判有罪，你將擺脫一切煩惱。

解釋 定了有罪，應是有煩惱，但反過來就可說沒有煩惱。

絞死

夢象 夢見絞死。

夢兆 如果夢見的是自扼或是被絞，顯示你目前由於過分小心而產生的心理焦慮，它也可歸因於外界的壓力，你最好請求心理醫生的幫助。如果夢見絞殺他人，則不要盲從行事。

解釋 由於心理焦慮，才會產生絞死的夢，所以要請教心理醫生才能解決。在平時由於太憎恨別人，所以才在夢中想把那個人絞死。

絞刑架

夢象 夢見絞刑架。

夢兆 劊子手的絞刑架警告你未來的危險，為了避免這種由於你的行為不慎帶來的災難，你現在就該驚醒。

解釋 劊子手的絞刑架是為絞死人的，而死人是一種危險，所以警告你的未來將是危險的。

逃亡者

夢象 夢見逃亡者。

夢兆 夢見自己亡命在外，你可能正處於激烈的家庭爭吵之中。夢裡看見或幫助逃亡者，你可能在經濟上受到某種打擊。

解釋 由於家庭爭吵才逃亡的。幫助別人逃亡，是為了減輕經濟上的打擊。

流放

夢象 夢見流放。

夢兆 夢見自己被流放出境，則要當心言行不慎，一旦被

誤解或歪曲，你將成為眾矢之的。若你被迫移居國外，或背井離鄉，或妻離子散，則是好的象徵。

解釋　由於言行不慎而觸犯法律，所以才被流放。被迫移居國外或背井離鄉、妻離子散是壞事，反過來解釋則成好事。

海盜

夢象　夢見海盜。

夢兆　你夢中出現快樂的海盜，顯示你很可能要經歷一場新的激動人心的冒險。

解釋　海盜的活動就是進行冒險的。

海洛因

夢象　夢見海洛因。

夢兆　自己或別人使用這種毒品，顯示由於行為欠妥而造成威信嚴重受損。

解釋　吸毒當然是行為欠妥。

格鬥

夢象　夢見格鬥。

夢兆　如果你贏了，你眼前的事務將獲成功；你輸了，你將會遇到困難和麻煩。

解釋　贏了就是成功，輸了就是困難和麻煩。

破壞

夢象　夢見破壞。

夢兆　夢到房屋或其他建築物遭到破壞，切忌發脾氣或意氣用事，否則代價沉重。

解釋　房屋或建築物已經遭到破壞，發脾氣或意氣用事已沒有什麼作用。

陪審團

夢象　夢見陪審團。

夢兆　自己成為陪審團成員，則是告誡你，做重大決定時，要少依賴別人的意見，要多依賴自己的判斷。

解釋　成了陪審團成員就應獨立思考。

監護人

夢象　夢見監護人。

夢兆　如夢到成為他人的監護人，意味著你將為一個朋友的經濟問題而擔憂。

解釋　做了監護人，一切問題都應為被監護者擔憂，包括經濟問題。

逮捕

夢象　夢見逮捕。

夢兆　失意之後緊接著有意想不到的喜

悅。

解釋 逮捕是壞事，但反過來可解說成是意想不到的喜悅。

偷聽

夢象 夢見偷聽。

夢兆 夢見別人在偷聽，你將面臨一個難以擺脫的困境。夢見自己在偷聽，則意外地走運。

解釋 有人偷聽你，也就是有人監視你，所以你有一個難以擺脫的困境。自己在偷聽別人，可能偷聽到一個意外發財的消息，所以意外地走運。

偷竊

夢象 夢見偷竊。

夢兆 (1)夢見偷竊的行為預示著你須多加小心，特別留神以後幾個月內的錢財和投資等事，不要過於衝動。

(2)若你在夢中偷竊並被抓住，後者是一個反夢，象徵著你將遇到好運。

解釋 (1)被別人偷竊，則要小心自己的錢財。

(2)自己偷別人東西是遇到好運，這是用反說法來解釋的。

陷阱

夢象 夢見陷阱。

夢兆 男人夢見陷阱是好兆頭。女人作此夢顯示她錯用了自己的信任。落進陷阱的夢告誡人要看清別人的計謀。

解釋 夢見陷阱是壞事，但反過來就是好事，所以說是好彩頭。女人把信任用錯了地方，所以像落進了陷阱中，會吃虧。落進陷阱是別人陰謀造成的，所以你要提高警惕。

控告

夢象 夢見控告。

夢兆 (1)夢見自己被人控告，則要提防被無恥之徒利用。

(2)如果控告被澄清，並且你也能證明自己無辜，你將克服困難。

(3)如果是你提出控告，你必須重新評價你的私交，也許你在這方面要倒楣。

(4)如被一女性控告，暗示將有不期而至的消息。

(5)若控告者為男性，你生意上將有意外的成功。

解釋 (1)無恥之徒利用別人來控告你。

(2)自己無辜是好事，所以將克服困難。

(3)提出控告別人，本是好事，但反過來可說會倒
　　楣。

(4)女性控告你，當然會有不期而至的消息。

(5)男性控告你是壞事，但反過來卻是好事，所以
　　說將有意外的成功。

賄賂

夢象　夢見賄賂。

夢兆　無論你行賄、受賄，這段時期切忌投機心理。

解釋　行賄、受賄都是投機心理使然。

誘惑

夢象　夢見誘惑。

夢兆　不管你是被別人誘惑，還是誘惑別人，任何與人合
　　夥的建議或想法均宜打消。

解釋　誘惑是騙人，有這種想法的人是絕不能與任何人合
　　作的。因爲不是自己上當受騙就是別人上當受騙。

盜賊

夢象　夢見盜賊。

夢兆　(1)夢見盜賊預示物質上的增
　　長。

(2)如夢見你捉住盜賊，將可

能得到一筆意外之財。

解釋　(1)反說法解釋。

(2)捉住盜賊有獎勵。

盜屍者

夢象　夢見盜屍者。

夢兆　(1)夢到正在行事的盜屍者，預示著沮喪和失望。

(2)如果自己參加盜屍，則你有可能挽回局勢。

解釋　(1)死屍一無所有，所以預示沮喪和失望。

(2)用反說法來解釋。

懲戒

夢象　夢見懲戒。

夢兆　夢見自己被懲戒，顯示政績突出；夢見自己懲戒別

人，則當心你的錢包，有人想占你便宜。

解釋　都可用反說法來解釋。

強姦

夢象　夢見強姦。

夢兆　夢中強姦情形提示你應加強已經鬆散的同伴的關

係，務必謹慎從事，否則你給周圍能左右視聽的人

留下的錯誤印象會嚴重損壞你的信譽。

解釋　強姦會破壞自己的信譽。

毀容

夢象 夢見毀容。

夢兆 (1)夢見自己被毀容，你將有意想不到的高興事。

(2)夢見別人毀容，當心被你信賴的人欺騙。這段時間不宜和朋友合夥做生意。

解釋 (1)毀容是使自己不高興的事，但反過來卻是高興的事。

(2)別人毀容，是因為他（她）們欺騙了人。

騙局

夢象 夢見騙局。

夢兆 (1)若你是這個騙局的犧牲者，你得當心由於被周圍的人欺騙而遭損失。

(2)若是你設下這個騙局，則成功唾手可得。

解釋 (1)有人騙了你，你才會成為犧牲者。

(2)用反說法解釋。

敲詐

夢象 夢見敲詐。

夢兆 (1)如夢裡有人敲詐你，切記與異性交往時行為要檢點。

(2)如果你是敲詐者，這段時期宜避免任何投機心理。

解釋　(1)因爲與異性交往不檢點，所以有人借機敲詐你。

(2)敲詐總是不可能成功的。

模擬像

夢象　夢見模擬像。

夢兆　夢裡見到模擬像，你將被你的熟人欺騙，但你已經猜到是誰。

解釋　模擬像從本質上講也是一種欺騙。

避難所

夢象　夢見避難所。

夢兆　夢見進入避難所，預示未來安全，夢見離開避難所，則將發現一個虛僞的朋友。

解釋　進入避難所就是安全。在避難所不知你的虛僞的朋友，一旦出來了，就發現了。

鐐銬

夢象　夢見鐐銬。

夢兆　夢見鐐銬，無論是銬在你或別人身上，還是什麼人都未銬，

你都將很快從煩惱中解脫出來。

解釋 戴鐐銬是壞事，但反過來是好事。所以說可以從煩惱中解脫出來。

贍養費

夢象 夢見贍養費。

夢兆 如夢見離婚後或訴訟期間，你付給對方贍養費，則在娛樂時也別大意。

解釋 贍養費不是保險費，所以娛樂時不能大意，以免出了意外無錢醫治。

戳

夢象 夢見戳。

夢兆 如果被戳，說明你低估自己；如果你戳別人，則要當心別太放肆。

解釋 因為低估了自己的能力，沒有反抗，所以才被戳。戳別人是你太放肆的結果。

警衛

夢象 夢見警衛。

夢兆 夢裡看到什麼東西被警衛看守，喻示你將因不慎或被盜而導致損失。

解釋　可用反說法解釋。

員警

夢象　夢見員警。

夢兆　夢見員警，象徵你的生活安全，而且即使你有麻煩，也會得到意想不到的幫助。

解釋　員警就是保障安全及給人幫助的。

警車

夢象　夢見警車。

夢兆　(1)如夢見自己在警車上，你的地位將有所提高。

(2)如果夢見別人被帶走，你將短暫受挫。

解釋　(1)不是員警而在警車上不是好事，但反過來卻是好事，是地位的提高。

(2)別人被帶走，別人坐牢，與你有牽連，所以將受挫折。

警報

夢象　夢見警報。

夢兆　在夢裡聽見火警、盜警或鬧鈴，你將在一段時間裡很舒服，並有進項。

解釋 用反說法解釋。

執照

夢象 夢見執照。

夢兆 無論是收到、頒發或是看到這類文書，對於男性，預示著透過自身奮鬥而名利雙收。對於女性，則切忌因虛榮而失利。

解釋 有了執照就可以營業，而營業就可獲利，所以說可以名利雙收。而女性，如做了老闆仍崇尚虛榮而不好好經營，那就會失利。

變色龍

夢象 夢見變色龍。

夢兆 這段時間應謹防陌生人。

解釋 謹防陌生人像變色龍那樣騙人。

子彈

夢象 夢見子彈。

夢兆 夢見子彈或聽到槍聲，切忌向旁人表露心跡，因為他或她可能多嘴多舌而給你帶來麻煩。如夢見自己被子彈擊中，宜去做一次健康檢查。

解釋 有槍有子彈是不好的，如不能保守秘密，別人將會告發你，給你帶來麻煩。被子彈擊中，可能健康有

問題，應去醫院檢查。

飛機

夢象　夢見飛機。

夢兆　無論是在飛行、起飛或著陸，意味著滿意地擺脫困境。

解釋　飛機表示上升到天上飛翔，上升是好事，所以說是滿意地擺脫了困境。

匕首

夢象　夢見匕首。

夢兆　若自己攜帶匕首，宜謹慎行事，否則會鬧出不愉快；別人攜帶或被匕首刺傷，意味著你將戰勝敵人。

解釋　自己攜帶匕首，當然要謹慎行事，如魯莽行事，刺傷別人，那不得了。別人攜帶匕首或你被匕首刺傷，看起來他們比你強，一旦他們被捉住，那麼他們反倒比你弱了。所以意味著你將戰勝對方。

手榴彈

夢象　夢見手榴彈。

夢兆　夢見扔手榴彈，可以預料你將因一時衝動而導致痛苦和羞辱。所有出現手榴彈的夢，都是告誡你，切

忌採取與你自己的最佳判斷相悖的行動。

解釋 扔手榴彈是一時衝動，當然會帶來痛苦和羞辱。扔手榴彈要判斷正確才扔，不然後果是不堪設想的。

王冠

夢象 夢見王冠。

夢兆 紙王冠顯示引誘，你如不加拒絕，則要受損；花王冠象徵萬事如意；金王冠意味榮譽；銀王冠，預告健康恢復；塑膠王冠，喻示玩得愉快。

解釋 紙王冠是不牢的，所以會受損。花王冠是美麗的裝飾，所以象徵萬事如意。金王冠是國王戴的，所以必須有榮譽。銀王冠是體育比賽用的，體育比賽和健康有關，所以預告健康的恢復。塑膠王冠是玩具王冠，所以說玩得很愉快。

弓

夢象 夢見弓。

夢兆 不論是你還是別人手裡握著弓，都說明你遇到的家庭矛盾和戀愛中的困難都會圓滿地解決。

解釋 弓用來射箭，射中目標得到獵物，預示問題的解決。丘比特的箭專指愛情的箭，所以預示家庭及戀愛中的問題會得到圓滿的解決。

炸藥

夢象 夢見炸藥。

夢兆 夢見甘油炸藥，證明你所擔心的危險或問題是毫無根據的。夢裡看見或聽到它爆炸，你應該放棄你一直盤算的新計畫，因為它不會有任何效果。

解釋 炸藥是危險的，但因為是在夢裡夢見的，並不危險，所以你所擔心的危險或問題是毫無根據的。夢裡看見或聽到炸藥爆炸，因為爆炸破壞力強，所以象徵做任何事都不會有任何效果，包括新計畫在內。

刀槍不入

夢象 夢見刀槍不入。

夢兆 這是警告練功的人，這段時間裡別拿健康當兒戲。

解釋 練功的人自己以為身體很好，有點小病不要緊，任何東西都不能傷害他，好像刀槍不入一樣，結果呢？小病拖成大病無法可救了。

飛行員

夢象 夢見飛行員。

夢兆 如夢見自己成為或看見飛行員，喻示你將飛黃騰達。

解釋　飛行員飛行是高升，夢見他就等於夢見高升，而高升就是飛黃騰達。

飛機庫

夢象　夢見飛機庫。

夢兆　空飛機庫預示失望，如果裡面有飛機則象徵你的地位將快速上升。

解釋　空飛機庫裡沒有飛機，本來想飛行的，現在只能失望了。如果有飛機就可以起飛，起飛就是高升，所以象徵你的地位快速上升。

軍隊

夢象　夢見軍隊。

夢兆　暗示你將遇到阻礙，但如果軍隊在行進，你將越過重重困難達到目標。

解釋　軍隊不行進，就是遇到阻礙。如果行進，就會達到目的。

軍號聲

夢象　夢見聽到軍號聲。

夢兆　聽見軍號聲，將有好消息自遠方來。夢見自己吹軍號，將因努力而獲大獎勵。

解釋　軍號聲傳得很遠，所以有消息從遠方來。夢見自己

吹軍號，將因努力而獲大獎勵。

行軍

夢象 夢見行軍。

夢兆 夢見慢速行軍象徵著壞消息；而夢見快速行軍預示
著前景美好。

解釋 慢表示不好，所以說象徵壞消息；快速表示好，所
以象徵前景美好。

槍

夢象 夢見槍。

夢兆 不管是看到槍，還是聽到槍聲，或射
擊，以及任何與搶有關的事，都顯示
你或者你的一位朋友遭受到不公正的
對待，為此，你不得不頑強抗爭才能解決。夢見給
槍上子彈，是鄭重警告你不要發火。

解釋 為什麼你或你的朋友會遭到不公正的待遇，這是因
為有人用槍在逼迫你。如何改變這種局面，必須要
頑強抗爭才能改變。給槍上了子彈，警告你不要發
火，不然會出人命的。

徵兵

夢象 夢見徵兵。

| 夢兆 | 喻示前程遠大。 |
| 解釋 | 保衛國家，為國立功，所以前程遠大。 |

命令

夢象	夢見命令。
夢兆	夢中服從命令顯示好時光就在眼前；下命令暗示著家庭不利。
解釋	聽從命令可以得到上級的賞識，而上級的賞識可以使你提升，所以好時光就在眼前。在家庭中下命令使人反感，所以說家庭不和。

來福槍

夢象	夢見來福槍。
夢兆	在夢中得到一支來福槍，你將很快進入一段稱心如意的生活經歷。
解釋	來福槍能打到獵物，所以象徵一段稱心如意的生活經歷。

降落傘

| 夢象 | 夢見降落傘。 |
| 夢兆 | 如果降落傘使用過程中沒有出現問題，那麼預示著你的生活將是幸福美滿的。如果 |

在使用的過程中出現了麻煩，那麼它預示著你可能
要被你所依賴的人拋棄。

解釋 使用降落傘沒有出現問題，即一帆風順，所以預示
你生活是幸福美滿的。如使用時出了麻煩，你所依
靠的降落傘不再被你所用了，所以預示你將要被你
所依靠的人拋棄。

戰士

夢象 夢見戰士。

夢兆 如果是女人夢見戰士，象徵渴
望發展。若是男性夢見戰士，
那將會因此促使生意大有改
觀。

解釋 女人想做戰士，這是她渴望新的發展的要求。用戰
士的不怕吃苦、不怕犧牲的精神去做生意，就有可
能促使生意改觀。

戰役

夢象 夢見戰役。

夢兆 你很可能被捲入紛爭。

解釋 戰爭就是大規模的紛爭。

俘虜

夢象　夢見俘虜。

夢兆　夢見俘虜，說明因疲勞過度而造成緊張和倦怠，勸你要有所節制。

解釋　俘虜之所以被俘獲，大都是因為疲勞過度，無法逃跑而被俘的，所以，勸你要有所節制。

原子彈

夢象　夢見原子彈。

夢兆　夢見原子彈，宜斷絕某一個長期以來的合作關係，這將使你得到更大發展。如親眼見到原子彈爆炸，則宜注意勤儉理財。

解釋　原子彈沒有爆炸時，威力無法發揮出來。所以，為了能發揮自己的更大能量，應斷絕長期以來的一種合作關係。原子彈爆炸，花去的錢不知其數，所以預示應注意勤儉理財。

敵人

夢象　夢見敵人。

夢兆　如果夢見你認識的人是你的敵人，則你完全可依賴你的朋友，並可望得到他們的幫助。

解釋　敵人的反面就是朋友。

領章帽徽

夢象 夢見領章帽徽。

夢兆 看見領章帽徽，表示晉升。

解釋 領章帽徽上有級別，所以說渴望晉升。

艦隊司令

夢象 夢見艦隊司令。

夢兆 在你夢中出現這位大官，將意味著你社會地位的上升和事業上的成功。

解釋 因為認識大官，大官會幫助你晉升和成功。

消防車

夢象 夢見消防車。

夢兆 (1)夢見消防車駛往著火地點表示財運亨通。

(2)若是救完火返回，顯示你有點失望，比如獎金太少，紅利不多諸如此類的小事。

(3)夢到駕駛消防車，則你將從一個險境中僥倖逃脫。

解釋 (1)火表示財旺。

(2)消防車滅火是免費的。

(3)消防車能滅火災，所以預示你將從一個險境中逃脫。

登陸

夢象　夢見登陸。

夢兆　無論是飛機著陸，還是船靠岸登陸，安全的登陸總意味著取得穩固的、令人滿意的成就。

解釋　登陸就是達到了目的地，所以意味著取得令人滿意的成就。

停戰

夢象　夢見停戰。

夢兆　預示對你不利的事情要發生。

解釋　因為你打了敗仗。

探照燈

夢象　夢見探照燈。

夢兆　夢中看見探照燈或被照，都是一種提示，你可以得到你所求，但必須把精力集中在一點上，將其他因素統統置之度外。

解釋　探照燈所以能探照，在於燈光集中在一點上。

望遠鏡

夢象　夢見望遠鏡。

| 夢兆 | 如有正當用途，是好的象徵。如果用於窺視或監視，則你的名譽將受攻擊。 |
| 解釋 | 正當用途可望遠。窺視、監視是不體面的行為。 |

騎士

夢象	夢見騎士。
夢兆	戴盔披甲的騎士是安全和保護的象徵。所以你在夢中見到一位騎士，你是幸運的。
解釋	騎士可以保護你。

喇叭

夢象	夢見喇叭。
夢兆	如果在夢中聽到喇叭或自己吹喇叭都預示著好事。
解釋	吹喇叭是進攻的表示，這是好事。

催淚毒氣

夢象	夢見催淚毒氣。
夢兆	如果夢見你或別人使用催淚毒氣，那是預示你將收到一個關於你朋友的不幸消息。
解釋	毒氣讓人不幸。

摧毀

| 夢象 | 夢見摧毀。 |
| 夢兆 | 如果你摧毀的東西不屬於你自己，是不好的象徵。 |

如果看見別人摧毀東西或發現被別人摧毀的東西，意味著意外的收穫。

解釋 你摧毀別人的東西當然不好。別人摧毀的是不需要的東西，就可以再重添置新東西，這就是意外的收穫。

箭

夢象 夢見箭。

夢兆 如夢見被箭射中，預示朋友中已出現你的敵手。如夢見一支已斷的箭，宜在生意上勤儉經營。如你將箭折斷，宜嚴以待己，切忌放任自流。

解釋 只有敵手才會用箭射你。斷箭象徵生意不景氣，所以宜在生意上勤儉經營。自己將箭折斷，是不能控制自己，所以切忌放任自流。

潛望鏡

夢象 夢見潛望鏡。

夢兆 夢見潛望鏡或從潛望鏡中向外看，預示遙遠的地方將傳來令人吃驚的消息。

解釋 潛望鏡就是向遠處看的，如看到敵人，那就是吃驚的消息。

七、音樂體育遊戲類

音樂、體育、娛樂、探險、旅遊、棋類、玩具

大提琴

夢象 夢見大提琴。

夢兆 夢見給大提琴換上新弦，你將突然得到好消息；如果琴弦拉斷了，在個人交往中不如意。

解釋 換上新弦，當然好，所以將會得到好的消息；琴弦拉斷了，不能再拉了，當然只能不如意了。

小夜曲

夢象 夢見小夜曲。

夢兆 要是夢裡聽別人對你唱小夜曲，那你所面臨的問題馬上就會不攻自破。

解釋 你有好心情去欣賞優美的小夜曲，你面臨的困難問題已經解決了。

小提琴

夢象 夢見小提琴。

夢兆 如果音色美妙，意味著事業順心、家庭和樂。如果曲調不和諧，甚至斷了弦，你可能遇上一些與他人

的口角。

解釋　音色美妙，當然可以象徵事業順心，家庭和樂。反之，曲調不和諧，斷了弦，這是你心情不佳，火氣太旺，所以就容易和人發生口角。

風箏

夢象　夢見風箏。

夢兆　無論是你自己放風箏，還是觀看別人放風箏，如果風箏飛得輕巧，你可以期望達到你最高的目標。如果線斷了，或者風箏壞了，或者風箏被吹跑了，你應該準備承受由於不謹慎而導致的失意。

解釋　放風箏的目的是想飛得高，超越別人，現在飛得很遠、很高，所以說可以達到你的目標。線斷了，風箏壞了，吹跑了，當然只能失意，只能不高興了。

手風琴

夢象　夢見手風琴。

夢兆　如果你聽到手風琴演奏，含義與其聲音有關。其聲音哀婉，你可能有什麼哀傷，不過不大，時間也不長。其聲音明朗活潑，你在不久的社交上一定愉快。如果是你在拉手風琴，那你的愛情生活或個人生活令你非常滿意。

解釋 聲音哀婉，那可能會有哀婉之事發生。聲音明朗活潑，可以表示愉快。拉手風琴往往和舞會有關，而舞會往往又和愛情有關，所以預示愛情和個人生活非常滿意。

氣球

夢象 夢見氣球。

夢兆 玩具氣球預示你將有大的失意。而載人氣球，上升則表示順利，下降則表示受挫。

解釋 玩具氣球，很容易破掉，不好。既是不好，那就預示將有失意。載人氣球牢固，所以上升能表示順利，下降則表示受挫。

笛子

夢象 夢見笛子。

夢兆 聽到別人吹奏笛子，意味著將有家庭喜事；但是你自己吹奏笛子，卻預示你將在社交上受窘。

解釋 聽別人吹笛子，別人笛子吹得好，自己聽得也很高興，所以說家庭將有喜事出現。自己吹笛子是心裡苦悶，苦悶是失意，所以可能會在社交上受窘。

爬山

夢象 夢見爬山。

夢兆　如爬到山頂，則喻示成功。如夢見從山上跌下來，則目前的困難不能克服。

解釋　能爬到山頂，就是達到了目的，所以預示成功。從山上跌下來是不能行走了，所以困難克服不了。

萬花筒

夢象　夢見萬花筒。

夢兆　預示你的生活模式將迅速發生變化，你的生活也會增加新的情趣。

解釋　萬花筒是變化無窮的，也是充滿樂趣的，所以預示你的生活有變化，會增加情趣。

二重奏（二重唱）

夢象　夢見二重奏（二重唱）。

夢兆　無論是自己還是別人在演奏或演唱，顯示你家庭和睦、愛情幸福。

解釋　家庭是個小世界，愛情是兩人的事，現在能演奏或演唱起來，音色和諧，步調一致，所以必然是家庭和睦、愛情幸福的。

桌球

夢象　夢見桌球。

夢兆　夢見桌球，則有財產方面的法律糾紛或家庭糾紛。

如果你經常打桌球，此夢便無意義。

解釋 打桌球是你爭我奪，所以象徵各種糾紛。

字謎

夢象 夢見字謎。

夢兆 夢裡做字謎遊戲，暗示眼前的問題可獲得圓滿解決。

解釋 把字謎解出來問題就解決了。

雜技

夢象 夢見雜技。

夢兆 如夢見看雜技表演，應注意安全。如你自己表演體操，你將很快克服眼前的困難。如看見雜技表演出了事故或失敗，你將成功地逃離危險。

解釋 因為雜技表演有時有危險，所以應注意安全。自己表演有把握，最大的困難也能克服。雜技表演出了事故或失敗，因為不是自己表演，所以能逃離危險。

防身術

夢象 夢見防身術。

夢兆 如果你夢見自己或別人用防身術自衛，你應該警惕，將有一個意想不到的障礙對你的雄心或計劃進

行挑戰。但如果你正在學習或者從事這門武術,則顯示你的事業將順利發展。

解釋 自衛就是對抗,對抗是有障礙的,所以說有障礙對你挑戰。正在學習或從事這門武術,就可順利擊敗對方。所以此夢顯示事業將順利發展。

足球

夢象 夢見足球。

夢兆 夢裡踢足球,預言你將得到外財,可能是獎金、紅利,甚至是饋贈物品。夢裡觀看別人踢足球,則宜謹慎擇友。

解釋 踢足球是競爭,贏了可以有獎勵,所以說有外財。踢足球有各式各樣的人,有技巧好的和壞的,這就象徵著擇友要小心。

伴奏

夢象 夢見伴奏。

夢兆 不論你為別人,還是別人為你伴奏,都預示將有喜慶事情到來。

解釋 有伴奏音樂才會完美,所以預示有喜慶事到來。

體育館

夢象 夢見體育館。

| 夢兆 | 夢到體育館裡，切忌感情用事，否則會給你造成社交窘境。 |

| 解釋 | 體育館是競爭的地方，而競爭是不能感情用事的，感情用事會使你受窘。 |

作曲

| 夢象 | 夢見作曲。 |

| 夢兆 | 如果你不會作曲也不識譜，卻夢見作曲或讀譜，你將得到有價值的禮物，可能是有用的。如果你會作曲或識譜，但作曲不是你的職業，則意味著天賜良機。 |

| 解釋 | 對作曲一竅不通的人，不是好事，對人生是一種損失。但反過來卻會有所得，所以說你將得到有價值的禮物。會作曲但不是你的職業，這說明天賜良機使你從事職業外的創收。 |

玩具

| 夢象 | 夢見玩具。 |

| 夢兆 | 作此夢顯示周圍的環境將有一個令人欣喜的改善。假如你夢中的玩具被毀壞，顯示你企圖以幼稚的方式為人處世，這會大大妨礙於你的交往。 |

| 解釋 | 有時間玩玩具，說明環境很好。玩具被毀 |

壞，與人玩不起來了，這對交往不利。

冠軍

夢象 夢見冠軍。

夢兆 無論是自己或別人奪得冠軍，預示事業上的成功。

解釋 冠軍是事業上的佼佼者，當然是成功的象徵。

音樂

夢象 夢見音樂。

夢兆 優美悅耳的音樂，是在你深切關心的事上有非常好的發展；令人不愉快的、不和諧的或是走調的音樂，象徵私人關係的破裂或工作上的困難。

解釋 悅耳的音樂是好事，所以象徵非常好的發展。反之，不好的音樂就象徵破裂和困難。

輕音樂會

夢象 夢見輕音樂會。

夢兆 喜從天降，如果音樂會氣氛讓你感到不愉快，預報你可能要得一場小病。

解釋 輕音樂是輕鬆愉快的，所以說夢見它喜從天降。如果輕鬆的音樂反而使你不愉快，這可能和你身體有關，所以說你可能將得一場小病。

游泳

夢象　夢見游泳。

夢兆　在海濱露天游泳，預示你將有從來不敢企望的好福氣；在湖裡游泳，則能順利度過難關；在河裡游泳，則有喜事不期而至。

解釋　不論在何處游泳都是好事，因游泳不僅能鍛鍊身體，而且能鍛鍊意志。

迷宮

夢象　夢見迷宮。

夢兆　如果你找到出去的路，沒有爲此大傷腦筋，你能夠比較輕鬆地解決你現有的問題。反之，如果你迷了路，或者在夢中你驚恐萬分，你可能被那些令人頭痛的否定意見擊敗。建議改變你的方向。

解釋　能找到出路，又不傷腦筋，所以能輕鬆地解決問題。反之，就會找不到解決問題的方法，只能服從他人意見。

鋼琴

夢象　(1)夢見自己彈鋼琴表示一切如意，如果夢見鋼琴被弄壞或音調不準，你

的事業則會遭到困難或被耽擱。

(2)搬動鋼琴表示必定會有所成就。

(3)調試鋼琴（或聽琴師調試鋼琴），預示著有好消息。

(4)若夢見聽別人彈優美的鋼琴曲，那麼你的經濟將有轉機。

解釋

(1)自己彈鋼琴是好的表現，所以表示一切如意。但鋼琴壞了或音調不準，鋼琴不能彈了，所以象徵困難。

(2)搬鋼琴是邀請你作鋼琴表演的地方太多，所以說明你會有所成就。

(3)調試鋼琴，把鋼琴調好了，就是好消息。

(4)優美的琴聲表示好消息，所以說你的經濟將有轉機。

鈸

夢象 夢見鈸。

夢兆 夢裡聽見或擊鈸，將有熱烈羅曼史。

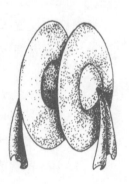

解釋 鈸的聲音，鏗鏘熱烈，而且一般在辦喜事時才用這種樂器，所以象徵熱烈的羅曼史。

高爾夫球

夢象　夢見高爾夫球。

夢兆　夢見自己或看到別人打高爾夫球，與異性的關係有關。如果打球氣氛和擊球情況令人滿意，則你與異性的關係也滿意。如果這場球打得很彆扭，擊球脫節，則你與異性的關係也讓你心焦。

解釋　打高爾夫球情況滿意，則心情愉快，與異性交往也會滿意。如球打不好，心情不會愉快，與異性關係也不愉快。

劇院

夢象　夢見劇院。

夢兆　一個黑暗的劇院是厭煩和無聊的預兆，如果此劇院內正好有節目演出，那是未來的一段時間將有愉快的享受。

解釋　黑暗的劇院是沒有戲看的劇院，在裡面只會感到厭煩和無聊。劇院裡如有節目演出，在那裡面當然是享受。

橋牌

夢象 夢見橋牌。

夢兆 夢見橋牌，則生意慘澹。

解釋 兩個人打橋牌，表示兩個人做生意，生意當然慘澹。

拳擊

夢象 夢見拳擊。

夢兆 夢見拳擊比賽，切忌妄自尊大，否則將坐失良機。

解釋 拳擊比賽當然不應妄自尊大，錯過獲勝的良機。

俱樂部

夢象 夢見俱樂部。

夢兆 將有不愉快的消息到來。

解釋 俱樂部是愉快的場所，但反過來卻是不愉快。

球

夢象 夢見球。

夢兆 夢見打球，如乒乓球、桌球、網球、棒球等，則有喜訊。

解釋 球打贏了，就有喜訊來。

球拍子

夢象 夢見球拍子。

夢兆 夢見任何類型的球拍子。

解釋 球拍子是用來打球的，而不是用來說空話的。所以告誡你：少說為妙，言多必失。

銅鼓

夢象 夢見銅鼓。

夢兆 這種鼓聲是警告你要改掉你習慣了的壞毛病。

解釋 鼓聲是對你大喊一聲，叫你趕快猛醒過來。

探險

夢象 夢見探險。

夢兆 預示你想辦的事不一定成功。

解釋 探險不一定成功。

探險家

夢象 夢見探險家。

夢兆 預言家庭不和。

解釋 探險家經常在外，家庭有意見。

銀幕

夢象 夢見銀幕。

夢兆 這個夢直接顯示了你想掩飾、遮蓋一個錯誤的願望。要麼懺悔、要麼忘卻，煩惱是最有害而無效的作為。

解釋 銀幕遮蓋了真實的東西，包括錯誤在內。

剪影

夢象 夢見剪影。

夢兆 平靜安逸生活的象徵。

解釋 剪影平靜安逸。

謎語

夢象 夢見謎語。

夢兆 夢裡出現謎語，顯示你有一個困惑時期；如果你猜中謎底，則反思之後而得收穫。

解釋 解不出謎語表示困惑。猜中謎底能有獎品（收穫）。

象棋

夢象 夢見象棋。

夢兆 預示道路曲折。雖然會有一個艱辛的時期，只要努力，不灰心喪氣，運用你的聰明才智，終能取勝。

解釋　下象棋，曲曲折折，所以喻示道路曲折。

鼓

夢象　夢見鼓。

夢兆　夢裡聽見鼓聲，預示巨大成
　　　功；夢到自己打鼓，預示巨
　　　大歡樂。

解釋　鼓聲是戰鼓敲響，所以預示
　　　成功。自己打鼓有趣，所以
　　　表示歡樂。

鼓槌

夢象　夢見鼓槌。

夢兆　夢見用槌敲打東西而不是打鼓，或是只有鼓槌沒有
　　　鼓，千萬當心因言行不一致而導致困窘。

解釋　言和行應一致，缺一不可，如不一致，就會導致困
　　　窘。

滑冰

夢象　夢見滑冰。

夢兆　在夢中滑冰或滑旱冰都是好事，如果你摔倒或掉在
　　　冰窟窿裡，那你就會很好地借他人之力發展自己。

解釋　如摔倒或掉在窟窿裡，就需別人幫助。所以可以喻

為借他人之力發展自己。

滑翔機

夢象　夢見滑翔機。

夢兆　夢見駕駛滑翔機，預示一位朋友或熟人的建議讓你
　　　吃驚。採納之前宜廣泛聽取意見。

解釋　朋友或熟人勸你越過高山，這使你吃驚。

跳水

夢象　夢見跳水。

夢兆　象徵你面臨或即將面臨的嚴峻考
　　　驗。但是，如果水很清澈，結果將
　　　使你滿意；如果渾濁不清，則結果
　　　相反。

解釋　透過考驗，事業當然成功。

跳棋

夢象　夢見跳棋。

夢兆　無論輸贏，都證明你將來幸福。

解釋　跳棋能訓練你動腦能力，所以能使你將來幸福。

跳欄

夢象　夢見跳欄。

夢兆　這個夢與個人行為有關。告誡你應試圖避免給人以

虛假的印象，它會使你喪失信譽。

解釋 要真的能跨越跳攔，而不是在口頭上說，若給人虛假印象，會使你失去信譽。

鑼

夢象 夢見鑼。

夢兆 聽見鑼聲是即將到來的令人興奮事情的象徵。

解釋 鑼聲使人興奮。

撲克牌

夢象 夢見撲克牌。

夢兆 夢見自己玩或看人玩撲克牌，預言因粗心大意或上當受騙而造成財政蕭條。

解釋 打牌總是會輸的。

跑

夢象 夢見跑。

夢兆 (1)夢見賽跑的畫面中你希望那個人贏了，這顯示你所關注的某件事必能成功。

(2)如果夢中你自己參加了賽跑，無論勝負，都預示著你將在現實中接受

新的考驗。

解釋 (1)贏了就是成功。

(2)參加賽跑就是考驗。

遊戲

夢象 夢見遊戲。

夢兆 在夢裡，如果你對所做的遊戲感到很愉快，則你能夠一帆風順；如果感到很累或生氣，則有一連串的小苦惱。

解釋 心情愉快當然表示順利。心情不愉快，很累、很生氣，當然有小苦惱。

盪鞦韆

夢象 夢見盪鞦韆。

夢兆 預示為時不久卻又激動人心的愛情就要到來。

解釋 盪鞦韆時是談戀愛玩樂的時候，所以說愛情就要到來。

琵琶

夢象 夢見琵琶。

夢兆 這種浪漫的、音色美妙的樂器象徵著幸福、熱烈的愛情，或

是從久無音訊的朋友那裡得到好消息。

| 解釋 | 夢見琵琶一切都好。

溜冰場

| 夢象 | 夢見溜冰場。

| 夢兆 | 夢見溜冰場是愉快的社交活動的象徵。

| 解釋 | 溜冰場就是愉快的社交活動的場所。

骰子

| 夢象 | 夢見骰子。

| 夢兆 | 對於女性，意味著她正期待著有一浪漫際遇，但她仍擔心這麼做極不明智。對於男性，意味著他期待經濟上能馬上成功，但這將姍姍來遲，並且代價沉重，宜重新確定行動目標，更冷靜看待生活。

| 解釋 | 女子擲骰子，她是想打賭，期望有一浪漫際遇。而男子是希望透過賭博，立刻獲利。

舞會

| 夢象 | 夢見舞會。

| 夢兆 | 預示有好消息到來。

| 解釋 | 參加舞會，與多人交往，會帶來好處。

舞蹈

| 夢象 | 夢見舞蹈。

夢兆 看見芭蕾舞演員在跳芭蕾舞，預示社交成功，將認識許多新朋友；看見青年人在一塊跳舞，你將在情場獲得大成功、大得意；看見小孩跳舞，你將有喜慶事；看見你自己在跳舞，那麼你的事業將繁榮昌盛。

解釋 舞蹈有益於身心，所以夢見舞蹈都是好事。

摔跤

夢象 夢見摔跤。

夢兆 (1)夢見摔跤手在摔跤是一種幸運。

　　　(2)但是夢見自己在摔跤卻是相反的徵兆。它警告你不要參加冒險和賭博。

解釋 (1)摔跤手能參加比賽是一種幸運。

　　　(2)用反說法解釋。

演出

夢象 夢見演出。

夢兆 你必須更加主動地去實現你的雄心。

解釋 演出是你的雄心，只有更努力才能實現。

漫遊者

夢象 夢見漫遊者。

夢兆 自己做漫遊者或見到其他漫遊者告訴你做一次旅

行，對你有大裨益。

解釋 漫遊者就是旅遊者。

唱歌

夢象 夢見唱歌。

夢兆 你唱歌的夢顯示煩惱已成為過眼雲煙；
聽別人歌唱會有好消息。

解釋 能唱出歌來，說明已沒煩惱了。別人唱
歌是別人高興，他會有高興的事告訴
你。

鍛鍊

夢象 夢見鍛鍊。

夢兆 夢見自己在鍛鍊身體，如果你感到愉快，則是好
事；如果很累，則在這幾個星期裡，應避免強行其
事。

解釋 鍛鍊愉快，當然是好事。如果很累，不能再勉強。

嬉戲

夢象 夢見嬉戲。

夢兆 如果這種嬉戲的性質是好的，顯
示你生活很愉快；如果是狂歡亂
跳，或是亂花別人的錢，則預示

經營困難。

解釋 好的嬉戲，當然是很愉快的。如果不正當的嬉戲，那會有困難來臨。

爵士音樂

夢象 夢見爵士音樂。

夢兆 夢中聽到這種音樂是警告你別捲入那些你力所不及的社交活動。眼前的小小失意比以後的經濟困境好得多。

解釋 爵士音樂是高雅音樂，是高級的社交活動，消費大，所以要參加力所能及的社交活動。

魔術

夢象 夢見魔術。

夢兆 夢見任何形式的魔術預示著想不到的變化。

解釋 魔術就是觀眾想不到的變化。

公園

夢象 夢見公園。

夢兆 美麗的公園常常是愛情幸福的象徵，如果公園凌亂不堪則預示著你正處於再調整的寂寞時光。

解釋 公園常常是談情說愛的地方，所以表示愛情幸福的象徵。凌亂不堪，無法談情說愛，所以說你正處在

寂寞時光。

化妝舞會

夢象 夢見化妝舞會。

夢兆 夢見化妝舞會或舞廳，預示著一個令人
吃驚的機遇。如果你有足夠的勇氣抓住
它，它將為你將來的幸福提供保障。

解釋 化妝舞會上的舞伴經過化妝以後彼此不認識，一旦
拿下面具，竟發現一個值得你傾心的人，這使你不
得不大吃一驚。由此可說你要有勇氣抓住這個機
會，否則將來的幸福就沒有保障了。

五彩紙屑

夢象 夢見五彩紙屑。

夢兆 夢見在婚禮上或其他喜慶場合中拋擲五彩紙屑，預
示你將在社會上獲得大成功。

解釋 婚禮或其他喜慶場合都是表示成功的，所以預示你
在社會上獲得大成功。

隨身聽

夢象 夢見隨身聽。

夢兆 給人方便，自己也方便。

解釋 隨身聽就是方便人聽的。

音響

夢象 夢見音響。

夢兆 要關心國家大事，不要迷戀目前的尋歡作樂。

解釋 音響是尋歡作樂的工具之一。

電子遊戲機

夢象 夢見電子遊戲機。

夢兆 警告你不要對某一件事太著迷，否則將有危險降臨。

解釋 對電子遊戲機太著迷，就會嚴重影響工作、學業、生活，有的甚至會犯罪。

排球

夢象 夢見排球。

夢兆 夢見排球比賽打贏，喻示你即將做的一筆生意不能成功。夢見排球比賽打輸，喻示經過努力能獲得交友成功。

解釋 贏的反面是輸，所以說生意不成。輸的反面是贏，所以說能獲成功。

戲院

夢象 夢見戲院。

夢兆 夢見你在戲院裡邊，表示你會新交朋友。夢見你從失火的戲院裡逃出來，你將意外地得到一筆收入。

解釋 在戲院會結交一些新朋友。火表示興旺，所以說能得到一筆收入。

積木

夢象 夢見積木。

夢兆 夢見小孩在玩積木，喻示你家庭生活快樂。夢見自己玩積木，喻示你在愛情上經過苦難的奮鬥，終於獲得了成功。

解釋 小孩安靜地玩積木，如家庭不幸福不可能做到這點。玩積木要苦思冥想，但最後終於會成功。

簫

夢象 夢見簫。

夢兆 夢見簫表示你會有輕薄的舉動與言語，一反你往昔的作風。如夢見簫已經破損了，意味著某個親密的朋友會使你不愉快。

解釋 簫聲淒涼、輕飄，所以表示輕薄。簫破損使人不愉快。

吉他

夢象　夢見吉他。

夢兆　夢到你擁有一把吉他或是彈奏吉他，表示你會有一連串的風流韻事。

解釋　吉他一般用於談情說愛。

七弦琴

夢象　夢見七弦琴。

夢兆　夢見你正在傾聽七弦琴的琴聲，表示你很快樂。年輕女性彈這樂器，表示她對男友極為忠誠。

解釋　七弦琴琴聲使人快樂。七弦琴常彈奏的是男女雙方愛情忠貞的樂曲。

捉迷藏

夢象　夢見捉迷藏。

夢兆　夢見自己捉迷藏，表示你將要去做不值得做的事情，除了損失錢財外，你還會蒙受羞辱。

解釋　捉迷藏是遊戲，是不值得你認真地去做的。如你去做了，那麼就會帶來損失。

國家圖書館出版品預行編目資料

史上最強解夢書 Part 2／蔣星五主編.
－－初版－－台北市：知青頻道 出版；
紅螞蟻圖書發行，2006〔民 95〕
面　　　公分，－－(Easy Quick : 61)
ISBN 957-0491-53-1 (平裝)

1.占卜　2.夢
292.9　　　　　　　　　　　94025318

Easy Quick 61

史上最強解夢書 Part 2

主　　　編／蔣星五
發 行 人／賴秀珍
榮譽總監／張錦基
總 編 輯／何南輝
文字編輯／林芊玲
美術編輯／林美琪
出　　　版／知青頻道出版有限公司
發　　　行／紅螞蟻圖書有限公司
地　　　址／台北市內湖區舊宗路二段 121 巷 28 號 4F
網　　　站／www.e-redant.com
郵撥帳號／1604621-1　紅螞蟻圖書有限公司
電　　　話／(02)2795-3656 (代表號)
傳　　　眞／(02)2795-4100
登 記 證／局版北市業字第 1446 號
法律顧問／許晏賓律師
印 刷 廠／鴻運彩色印刷有限公司
電　　　話／(02)2985-8985‧2989-5345
出版日期／2006 年 1 月　第一版第一刷

定價 250 元